KB061187

Dear.

당신의 행복을 위한 모멘텀이 되기를 바라며

20   년   월   일

드립니다.

Momentum

오석태 지음

::

이 책은 잘 만든 영어회화 교재가 아닙니다.

만일 자유로운 영어회화가 한 사람의 진로와 직업을 바꾸거나
당신의 생활을 더욱 풍요롭게 할 수 있다면

바로 이 순간은
또 하나의 영어 교재와의 만남이 아닌
당신 인생을 위한 결정적 Momentum 모멘텀이 될 것입니다.

유튜브 채널 "빠른영어"에서
오석태 저자의 놀라운 해설 강의가 모두 무료로 제공됩니다.

CBS 북스

오석태는 대한민국을 대표하는 영어 학습서 저술가입니다.

오 석 태

현재까지 100권 이상의 책을 저술하였습니다. 그가 저술한 책들은 영어학습에 관한 모든 주제들을 총망라 합니다. 회화, 어휘, 문법, 독해, 듣기, 쓰기, 스크린 영어, 미드영어, 여행영어, 팝송영어 등이 모두 포함됩니다. 또한 모든 계층을 대상으로 다양한 책들을 저술해오고 있습니다. 유치원, 초등, 중등, 고등, 그리고 성인에 이르기까지 그의 교재집필은 끊이지 않습니다.

오석태는 대한민국을 대표하는 방송영어 진행자입니다. EBS TV와 Radio는 물론 SBS, KBS, MBC 모든 지상파 방송국들에서 TV와 Radio 영어프로그램을 진행해 왔습니다. 그리고 CBS-FM에서는 바이블 잉글리쉬의 진행자로 활약했습니다. 또한 케이블 TV 시대에 모든 케이블 방송국의 영어 프로그램들을 진행했습니다. 방송대학교 OUN 케이블에서는 TOEIC, 스크린 영어, 영어 퀴즈쇼 등 다양한 프로그램의 진행자로서 활동 했습니다.

오석태는 외국 팝 아티스트들의 1세대 통역사로서 활동 했습니다. 스콜피온즈, 데프레퍼드, 에어 서플라이, 보이즈투멘, 토미 페이지, 베이비페이스, 바네사 윌리암 스, 그리고 셀린 디온에 이르기까지 많은 팝 아티스트 들의 기자회견, 그리고 방송 통역을 담당했습니다.

오석태는 대한민국 온라인 강좌시대의 중심에서 활약 해왔습니다. Winglish.com, M베스트, 수박씨 등에서 강좌를 오픈하여 진행했습니다.

오석태는 NAVER 포스트의 에디터로서 다양한 컨텐츠를 공급해오고 있으며 오디오 클립을 통해서도 여러 컨텐츠를 제공하고 있습니다.
오석태는 현재 페이스북과 유투브를 통해서 컨텐츠와 강의를 제공하고 있습니다.

오석태의 대표 저서

---

1. 영어회화   영어회화 무작정 따라하기(길벗)
영어, 회화의 영어(사람in)
영어회화 Big 표현 1500: 소설편, 드라마편, 영화편(로그인)
다시, 영어를 보다(도서출판 담당) 등 다수

2. 영문독해   기적의 100문장 영어독해(애니클래스)
위대한 매일영어 쫌1, 2(사람in) 등 다수

3. 영어어휘   위대한 매일영어 회화 어휘 쌩1, 2(사람in)
영어회화 필수단어 무작정 따라하기(길벗)
Try Again 필수영단어(길벗) 등 다수

4. 영어작문   하루 10분 영어 필사 긍정의 한 줄(로그인)
누구나 영작문(삼육오)

5. 영어문법   혼동의 조동사를 설명합니다(사람in)
직감 영문법(국민출판사) 등 다수

6. 스크린 영어   악마는 프라다를 입는다 자막없이 보기(스크린 영어사)
스크린 자막없이 보기 어휘표현 300(스크린 영어사) 등 다수

7. 미드영어   미드영어 특급패턴 202(다락원) 등 다수

오석태 영어의 학습 방법

이 책은 크게 두 개의 파트로 나뉘어져 있습니다. **문장의 형식과 품사입니다.**
문장의 형식은 가장 **기본적인 다섯 개의 형식**으로 분류했습니다.
그리고 **품사**는 영어회화에 반드시 **필요한 핵심 품사**만을 다루었습니다.

맨 위에 제시된 문법 항목을 정확히 이해합니다.

———

각 페이지마다 맨 위에 그 페이지에서 다루는 문법 항목을 제시하고 있습니다. 그것을 정확히
읽고 그 페이지에서 어떤 문법을 다루게 되는지 분명히 인지해야 됩니다. 그렇지 않으면 그
아래 나오는 문장들을 아무 생각없이 보게 됩니다. 시작부터 체계를 잡을 수 없는 상태가 되는
겁니다. 그렇게 되면 책을 대강 읽고 넘어가는 오류를 범하게 되지요. 결국 이 책의 특징은
전혀 이해하지 못한 채 학습을 중도에 포기해버리는 결과에 이르게 됩니다. 영어학습, 시작이
매우 중요합니다.

문장 발음 연습은 큰 소리로 정확히 합니다.

———

각 페이지마다 제시된 문법 항목에 따라 다섯 개의 회화 문장들이 등장합니다. 문법 항목을
대변하는 가장 기본적이고 간단한 문장들입니다. 그러나 원어민들이 일상생활에서 늘 사용하는
문장들이기 때문에 아무리 간단한 문장들이라도 회화능력 향상에 큰 도움이 될 것입니다.

문장은 눈으로만 보지 않습니다. 당연히 눈으로 보면서 입으로 정확한 소리를 내야 됩니다.
유투브에 올라 있는 저자의 강의를 들으면서 각 문장들의 발음을 정확히 따라해야 됩니다.
내가 정확히 발음할 수 있어야 원어민의 발음을 정확히 알아들을 수 있습니다. 그래야
원어민과 소통이 가능해집니다.

발음에는 단어의 발음과 문장의 발음, 그리고 억양이 포함됩니다. 이 모든 부분들이 저자의
강의에 잘 담겨 있습니다. 강의를 몇 번이고 반복해 들으면서 책에 나와 있는 표현들을 계속
소리 내어 읽다 보면 문장들이 자연스럽게 기억될 겁니다. 억지로 암기하는 것이 아니라
계속 반복해서 읽기 때문에 저절로 기억나게 되는 겁니다.

문법 해설을 반드시 읽고 이해해야 합니다.

———

각 페이지마다 다섯 개의 표현이 끝나면 그 아래에 각 문법 항목에 대한 정확한 해설이 나와 있습니다. 영어를 이해하고 영어회화를 가능하게 하기 위해서 필요한 가장 기본적이고 핵심이 되는 내용들만 설명해 놓았습니다. 이 각각의 문법 해설 부분 전체를 하나로 묶어 놓으면 한 권의 문법책이 됩니다. 그 정도로 잘 설명되어 있습니다.

문법이 해설된 문장들을 하나하나 정확히 읽고 완벽하게 이해하도록 노력해야 됩니다.

연습문제를 반드시 풀어야 됩니다.

———

첫 번째 파트에서는 각각의 형식이 끝난 후에, 두 번째 파트에서는 각각의 품사 설명이 끝난 후에 연습문제를 풀게 됩니다. 연습문제는 응용문제가 아니라 앞에서 익힌 표현들의 확인 문제들입니다. 따라서 내가 제대로 학습하고 있는지를 매우 정확하게 확인할 수 있기 때문에 절대로 무시하고 넘어가서는 안 됩니다. 반드시 풀어야 됩니다.

응용문제가 아니기 때문에 문제들에 대한 답을 별도로 적어 놓지 않았습니다. 여러분 스스로 답을 적은 후에 정오(正誤)를 확인할 때는 앞 페이지들을 펼쳐서 확인하시기 바랍니다. 그러면서 지나가는 페이지들에 적혀 있는 표현들을 다시 한번 소리 내어 읽어보는 겁니다.

반복 학습이 가장 중요합니다.

———

영어 학습서는 소설책처럼 읽는 책이 아닙니다. 이 한 권이 나의 역사를 바꿀 수도 있습니다. 이 안에 담긴 내용들을 완벽하게 내 것으로 만들어야 됩니다. 계속 반복해서 소리 내어 읽고 또 읽어서 모든 내용이 내 머리 속에 담기게 하십시오. 그래야 영어가 내 삶의 일부가 되어 내 삶에 변화가 생깁니다. 긍정의 위대한 변화가 생깁니다.

Contents

Step 3 : 3형식 문장

Step 4 : 4형식 문장

Step 5 : 5형식 문장

Part 2 품사 바로 쓰기

1. 명사

2. 형용사

PART 1

문장의 형식

5 steps

문장의 형식을 결정하는 품사는 **딱 세 개 뿐**입니다.

1. **명사**   2. **동사**   3. **형용사**

다른 품사들은 형식에 전혀 영향을 미치지 않습니다.

[1형식 문장]

1

〈주어+동사〉의 형태를 갖춥니다.

2

주어의 동작을 말합니다.

3

목적어를 필요로 하지 않는 동사, 즉 **자동사**가 쓰입니다.

〈I+현재시제 동사〉의 형태를 갖춘 1형식 긍정문

1 **I know.**　　　　나도 이미 알고 있는 사실이야.
　* know 이미 잘 알고 있다

2 **I see.**　　　　잘 알겠습니다.
　* see 이해하다

3 **I agree.**　　　　저도 같은 생각이에요.
　* agree 동의하다

4 **I apologize.**　내가 사과할게.
　* apologize 사과하다

5 **I promise.**　약속할게. 정말이야.
　* promise 약속하다

know, see, agree, apologize, promise 같은 동사들은 자동사로 쓰입니다. 자동사란 뒤에 목적어를 받지 않는 동사를 의미하지요. 목적어의 품사는 무조건 명사입니다. 다시 말해서 동사 뒤에 명사가 쓰이지 않으면 그 동사를 자동사라고 말합니다.

〈I don't+동사원형〉의 형태를 갖춘
1형식 현재시제 부정문

1 **I don't mind**.
  * mind 꺼리다, 신경 쓰다

  저는 괜찮습니다.

2 **I don't think so**.
  * think so 그렇게 생각하다

  전 그렇게 생각하지 않아요.

3 **I don't regret**.
  * regret 후회하다

  전 후회하지 않습니다.

4 **I don't remember**.
  * remember 기억하다

  기억이 안 나.

5 **I don't care anymore**.
  * care 관심을 갖다 not anymore 더 이상 아닌

  난 더 이상 관심 없어.

주어가 I일 때 현재시제 일반동사의 부정문은 don't 다음에 동사원형을 씁니다. 어차피 영어 문장은 우리가 만들어 사용하는 것이 아니기 때문에 그렇게 이해하고 기억해서 활용하기만 하면 되지요. think so의 so는 부사입니다. 부사는 문장의 형식에 전혀 관여하지 않기 때문에 I don't think so.의 문장형식은 1형식이 맞습니다. anymore 역시 부사입니다.

〈I+과거시제 동사〉의 형태를 갖춘
1형식 긍정문

1 **I checked.**   제가 확인해봤습니다.
    * check 사실 여부를 확인하다

2 **I stopped.**   나는 가던 길을 멈췄어.
    * stop 하던 일을 멈추다

3 **I forgot.**   내가 깜빡했네.
    * forget 잊다

4 **I overslept.**   내가 늦잠을 잤어.
    * oversleep 늦잠자다

5 **I talked to him.**   걔하고 얘기해봤어.
    * talk 대화하다, 이야기하다

동사의 3단변화는 이렇습니다. check-checked-checked, stop-stopped-stopped, forget-forgot-forgotten, oversleep-overslept-overslept, talk-talked-talked. 이 중에 talked to에서 to의 품사는 전치사이고 to him은 전치사구입니다. 전치사는 문장의 형식에 관여하지 않습니다. 따라서 I talked to him.은 1형식 문장이 맞습니다.

〈Did you＋동사원형?〉의 형태를 갖춘
1형식 의문문

1 **Did you shower?**　　　샤워했어?
  * shower 샤워하다

2 **Did you come here together?**　　　여기 함께 온 거야?
  * come together 함께 오다

3 **Did you order?**　　　주문했어?
  * order 주문하다

4 **Did you wait till now?**　지금까지 기다린 거야?
  * wait 기다리다 till now 지금까지

5 **Did you decide?**　　　결정했어?
  * decide 결정하다

2인칭(You) 일반동사의 의문문 현재는 Do you, 과거는 Did you로 시작됩니다. 뒤에는 동사원형이 오지요. come here together에서 here와 together 각각의 품사는 부사입니다. 따라서 문장의 형식에서는 제외됩니다. wait till now에서 till의 품사는 전치사이지요. 따라서 전치사구인 till now 역시 문장의 형식에는 전혀 영향을 주지 않습니다.

〈3인칭 단수+동사〉의 형태를 갖춘
1형식 문장

1 **He dresses well.**　　개는 옷을 잘 입어.
　　* dress 옷을 입다 well 잘

2 **She helps.**　　그녀가 도움이 돼.
　　* help 도움이 되다

3 **This room smells.**　　이 방에서 냄새가 나네.
　　* smell 나쁜 냄새가 나다

4 **My plan worked.**　　내 계획이 효과 있었어.
　　* work 효과 있다

5 **It took forever.**　　시간 정말 오래 걸렸어.
　　* take forever 오랜 시간 걸리다

3인칭 단수에 해당되는 대명사는 He, She, This, That, It 등이 있으며 사물의 이름에 해당되는 명사 또한 3인칭 단수입니다. 3인칭 단수 뒤에 이어지는 동사의 현재시제에는 -s, -es 등이 붙게 되지요. 동사별로 형태 변화를 암기하는 것보다는 문장을 접할 때마다 정확히 기억해 두는 것이 훨씬 좋습니다. 동사 work의 3단변화는 work-worked-worked 규칙변화입니다. take는 take-took-taken의 불규칙 3단변화를 갖습니다. forever는 명사가 아닌 '부사'입니다. 따라서 It took forever.는 1형식 문장이 맞습니다.

〈3인칭 단수+동사〉의 형태를 갖춘
1형식 부정문

1 **He doesn't stay here.**
* stay 머물다

개는 여기에 없어.

2 **It doesn't matter.**
* matter 문제되다, 중요하다

그건 문제되지 않아.

3 **She didn't respond.**
* respond 반응하다

그녀는 반응이 없었어.

4 **He didn't listen to me.**
* listen to ~을[~의 말을] 귀 기울여 듣다

그는 내 말을 전혀
귀 기울여 듣지 않았어.

5 **Her idea didn't help.**
* help 도움이 되다

그녀의 아이디어는
도움이 되지 않았어.

3인칭 단수 주어 뒤에 나오는 현재시제 일반동사의 부정은 동사 앞에 doesn't를 이용합니다. 그리고 뒤에 이어지는 일반동사는 원형을 쓰게 되지요. 그런가 하면 과거시제 일반동사의 부정은 didn't를 이용합니다. 물론 뒤에 이어지는 동사는 원형을 씁니다. stay, matter, respond, listen, help 등은 모두 자동사로 쓰이고 있습니다.

19

〈3인칭 복수+동사〉의 형태를 갖춘
1형식 부정문

1 **They don't smoke in here.**
　　* smoke 담배를 피우다

이 안에서는 다들 담배 피우지 않아.

2 **Those people don't care about him.**
　　* care about ~을 신경 쓰다 [관심을 갖다]

그 사람들은 그에게 전혀 신경 쓰지 않아.

3 **Girls don't talk like that.**
　　* like that 그런 식으로

여자아이들은 그런 식으로 말하지 않아.

4 **My parents didn't hesitate.**
　　* hesitate 망설이다

우리 부모님은 망설임이 없었어.

5 **They didn't lie to you.**
　　* lie to ~에게 거짓말하다

그들이 너에게 거짓말한 게 아니야.

3인칭 복수 주어 뒤에 나오는 현재시제 일반동사의 부정은 동사 앞에 don't를 이용합니다. 그리고 뒤에 이어지는 일반동사는 원형을 쓰지요. 3인칭 복수 과거시제 일반동사의 부정은 3인칭 단수 주어의 경우와 마찬가지로 didn't를 이용합니다. 뒤에 이어지는 동사는 당연히 원형을 씁니다. smoke, care, talk, hesitate, lie 등은 모두 자동사로 쓰이고 있습니다.

연습문제

우리말에 해당되는 영어 문장을 적어 보세요.

1. 저도 같은 생각이에요. //

2. 내가 늦잠을 잤네. //

3. 내 계획이 효과 있었어. //

4. 그건 문제가 되지 않아. //

5. 우리 부모님은 망설임이 없었어. //

영어를 한글로 해석해 보세요.

1. I apologize. //

2. I don't regret. //

3. I checked. //

4. Did you shower? //

5. She helps. //

연습문제

우리말에 맞게 영어 문장을 완성해 보세요.

1. 잘 알겠습니다.	I _____ .
2. 저는 괜찮습니다.	I don't _____ .
3. 나는 가던 길을 멈췄어.	I _____ .
4. 주문했어?	Did you _____ ?
5. 시간 정말 오래 걸렸어.	It _____ forever.

영어 문장에 맞는 한글 해석을 연결하세요.

1. I know.   ○   ● a. 난 기억 안 나.

2. I don't remember.   ○   ● b. 그들은 너한테 거짓말하지 않았어.

3. Did you decide?   ○   ● c. 나도 이미 알고 있어.

4. She didn't respond.   ○   ● d. 결정했어?

5. They didn't lie to you. ○   ● e. 그녀는 반응이 없었어.

[2형식 문장]

1

〈주어+동사+보어〉의 형태를 갖춥니다.

2

주어의 상태를 주로 말합니다.

3

be 동사, 또는 **형용사의 도움을 받는 불완전 자동사**가 쓰입니다.

4

보어로는 형용사나 명사가 올 수 있습니다.

5

형용사는 분사를 포함합니다.

〈I+am+형용사〉의 형태를 갖춘 2형식 긍정문

1 **I'm new here.**   난 이곳이 처음이야.
  * new 새로운. 처음 시작하는

2 **I'm sorry about that.**   그건 정말 미안하게 됐어.
  * sorry about ~이 미안한

3 **I'm afraid for him.**   걔가 정말 걱정돼.
  * afraid for ~을 염려하는, ~을 걱정하는

4 **I'm proud of you.**   네가 자랑스럽다.
  * proud of ~을 자랑스러워 하는

5 **I'm allergic to him.**   나 걔 정말 싫어.
  * allergic to ~에 알레르기 반응이 있는

---

be 동사는 '주어의 확정적인 사실'을 말합니다. 100% 그러하다고 말하는 것이지요. I am은 I'm으로 축약 시켜서 흔히 말합니다. be 동사를 굳이 크게 발음할 필요가 없기 때문에 그렇게 축약되는 것입니다. 하지만 be 동사의 의미는 매우 정확하게 인지하고 있어야 합니다. 나의 상태는 내가 100% 정확히 알고 있지요. 그래서 I'm은 매우 자연스러운 표현이 됩니다. new, sorry, afraid, proud, allergic 등이 형용사로서 주어 I의 '보어'역할을 하고 있습니다.

⟨I+am+not+형용사⟩의 형태를 갖춘 2형식 문장

1 **I'm not good at math.**   난 수학 잘 못해.
  * good at ~을 잘하는 math 수학

2 **I'm not that hungry.**   난 그 정도로 배고프지는 않아.
  * that hungry 그 정도로 배고픈

3 **I'm not lonely.**   난 외롭지는 않아.
  * lonely 외로운

4 **I'm not mad at you.**   너한테 화난 거 아니야.
  * mad at ~에 화난

5 **I'm not nervous.**   나 긴장 안했어.
  * nervous 긴장한

be 동사를 부정할 때는 be 동사 뒤에 not를 씁니다. 부정어는 문장의 의미를 반대로 만드는 매우 중요한 역할을 하지요. 그래서 발음할 때 강조하게 됩니다. that hungry 에서 that는 형용사 hungry를 수식하기 때문에 부사입니다. good, hungry, lonely, mad, nervous 등이 형용사로 쓰여서 주어의 의미를 보충하는 주격 보어의 역할을 하고 있습니다.

〈I+am+현재분사〉의 형태를 갖춘 2형식 문장

1 **I'm cleaning up.**　　　　　　나 지금 청소해.
* cleaning up 깨끗이 청소하고 있는

2 **I'm listening.**　　　　　　　듣고 있어.
* listening 귀기울여 듣고 있는

3 **I'm waiting for someone.** 누구 좀 기다리는 중이야.
* waiting for ~을 기다리고 있는

4 **I'm not staying long.**　　　 나 오래 안 있어.
* staying long 오래 머물 예정인

5 **I'm not lying.**　　　　　　　거짓말 아니야.
* lying 거짓말 하고 있는

현재분사는 동사를 형용사로 만들어 현재진행의 시제를 준 것입니다. 따라서 현재 분사의 품사는 형용사이고 형용사이기 때문에 주격 보어로 쓰일 수 있습니다. 형태 는 동사에 -ing를 붙인 것입니다. 매우 간단하지요. 현재분사는 현재진행 뿐 아니라 '미래'의 의미를 전하기도 합니다. 이미 정해져 있는 가까운 미래의 일을 말할 때 사용합니다.

⟨I+am+과거분사⟩의 형태를 갖춘
2형식 문장

1 **I'm surprised**.   나 정말 놀랐어.
  * surprised 이미 놀란 상태인

2 **I'm worried about you**.   네가 걱정돼.
  * worried about ~이 이미 걱정되는 상태인

3 **I'm tired of it**.   난 그거 질렸어.
  * tired of ~에 이미 질린 상태인. ~에 이미 지친

4 **I'm done**.   나 다했어[끝났어].
  * done 이미 끝난 상태인

5 **I'm allowed**.   난 허락 받았어.
  * allowed 이미 허락 받은 상태인

과거분사는 형용사에 과거시제를 주기 위해서 동사를 변형시켜 만든 것입니다. 따라서 과거분사의 품사는 형용사이고 그렇기 때문에 주격 보어로 쓰일 수 있습니다. 또한 과거시제를 포함하기 때문에 과거분사를 이해할 때는 '이미 ~의 상태인'으로 받아들이는 것이 옳습니다. 설사 문장해석에서는 과거분사의 그런 의미가 묻어져 나오지 않더라도 속뜻으로는 정확히 알고 있어야 합니다.

〈I+am+명사〉의 형태를 갖춘
2형식 문장

1 **I'm a publisher.**
  * publisher 출판인

저 책을 출판하는
사람입니다.

2 **I'm a fan of yours.**
  * fan 좋아하는 사람. 팬

저 당신 팬이에요.

3 **I'm friends with him.**
  * friends with ~와 친한 사이

나 걔하고 친해.

4 **I'm a fast learner.**
  * a fast learner 습득이 빠른 사람

저는 습득이 빠릅니다.

5 **I'm an editorial assistant.**
  * editorial assistant 편집부 직원. 편집 보조

저는 책 편집 일을
하고 있습니다.

명사는 주어와 보어, 그리고 목적어의 역할을 합니다. 2형식에서 명사는 주어와
보어로 쓰일 수 있지요. be동사가 쓰인 2형식에서 보어인 명사는 주어와 동일한 인물
입니다. 명사는 형용사의 수식을 받습니다. '당신의 팬'을 your fan이라고 하면 '너'
를 강조한 말이 되어서 매우 적극적인 표현이 됩니다. 일반적으로는 '여러 팬들 중의
한 사람'의 의미로 a fan of yours를 쓰지요. 친구사이를 말할 때는 혼자로서는
가능하지 않기 때문에 friends 복수형을 씁니다.

〈Are+you+형용사?〉의 형태를 갖춘 2형식 의문문

1 **Are you ready?**   준비 됐어?
    * ready 준비가 된

2 **Are you insane?**   너 미쳤어?
    * insane 미친, 정신 이상의

3 **Are you hurt?**   어디 다쳤어?
    * hurt 다친

4 **Are you interested?**   너 관심 있어?
    * interested 관심이 있는

5 **Are you serious?**   너 지금 진심으로 하는 말이야?
    * serious 진심의

be 동사가 쓰인 의문문의 형태는 주어와 be 동사의 위치만 바꾸면 됩니다. be 동사의 시제와는 무관합니다. hurt는 물리적으로 '다친'의 의미와 '마음에 상처를 입은', 두 가지 의미를 모두 갖습니다. 동사 hurt의 3단변화는 hurt-hurt-hurt이지요. 여기에서 과거분사가 쓰인 것입니다. interested 역시 동사 interest의 과거분사형 형용사입니다. ready, insane, hurt, interested, serious 등이 형용사로서 주어 You의 보어로 쓰이고 있습니다.

〈I+feel+형용사〉의 형태를 갖춘 2형식 문장

1 **I feel so comfortable.**   아주 편해.
   * comfortable 편안한

2 **I feel better already.**   벌써 기분 좋아졌어.
   * better 더 나은, 더 좋은

3 **I feel bad about that.**   그것 때문에 기분 나빠.
   * feel bad about ~때문에 기분이 나쁘다

4 **I feel safe with him.**   그와 있으면 안심이 돼.
   * feel safe 안심이 되다

5 **I feel responsible.**   내가 책임감이 느껴져.
   * responsible 책임이 있는

동사 feel은 목적어를 받는 타동사로 쓰일 때도 있지만 보어를 받는 불완전 자동사로 쓰일 때도 있습니다. 그럴 때는 '~한 기분이 든다'로 이해하지요. comfortable, better, bad, safe, responsible 등이 형용사로서 feel의 보어로 쓰이고 있습니다. better는 good의 비교급입니다.

〈You + look + 형용사〉의 형태를 갖춘 2형식 문장

1 **You look different.**
  * look different 달라 보이다

  너 오늘 달라 보이네.

2 **You look so fresh.**
  * fresh 상큼한, 말쑥한, 산뜻한

  아주 말쑥해 보이네.

3 **You look gorgeous.**
  * look gorgeous 매우 멋져 보이다

  너 진짜 멋있다.

4 **You look a little pale.**
  * pale 창백한

  너 좀 창백해 보여.

5 **You look silly in those glasses.**
  * silly 바보 같은 glasses 안경

  너 그 안경 쓰니까 바보같아.

동사 look는 완전 자동사로 쓰일 때도 있지만 뒤에 형용사의 도움을 받아야만 되는 불완전 자동사로 쓰일 때도 있습니다. 그럴 때는 '~인 상태로 보이다'의 의미를 갖지요. 시각적으로 상대방이 어떤 모습을 보인다는 의미입니다. different, fresh, gorgeous, pale, silly 등이 형용사로서 동사 look의 보어역할을 하고 있습니다. in those glasses는 '그 안경을 쓴 상태에서'의 뜻입니다.

〈3인칭 주어＋sounds＋형용사〉의 형태를 갖춘 2형식 문장

1 **He sounds upset**.　개 속상한 목소리야.
　* upset 속상한

2 **She sounds freaked**.　기겁한 목소린데.
　* freaked 기겁한, 충격을 받은

3 **That sounds perfect**.　그거 완벽한데.
　* sound perfect 완벽하게 들리다

4 **It sounds simple**.　듣기엔 간단한 것 같은데.
　* simple 간단한

5 **It sounds familiar**.　어디서 많이 들은 익숙한 소린데.
　* familiar 익숙한, 친숙한

동사 sound는 형용사의 도움을 받아서 '~의 상태로 들리다'의 의미를 전합니다. 사람이나 사물의 소리를 들은 후에, 또는 어떤 제안을 들은 후에 머리에 드는 생각을 표현하는 것이지요. 적절한 의역이 필요한 어휘이기도 합니다. freaked는 뜻밖의 충격적인 상황을 접해서 기겁하는 상태를 말하는 과거분사형 형용사입니다. upset, freaked, perfect, simple, familiar 등이 형용사로서 보어역할을 하고 있습니다.

〈3인칭 주어 + smells + 형용사〉의 형태를 갖춘 2형식 문장

1 **The air smells stale.**
  * air 공기 stale 냄새가 퀴퀴한

  공기에서 퀴퀴한 냄새가 나네.

2 **He does smell bad.**
  * smell bad 나쁜 냄새가 나다

  걔한테 아주 나쁜 냄새가 나.

3 **The food smells good.**
  * smell good 좋은 냄새가 나다

  그 음식에서 좋은 냄새가 나네.

4 **It smells funny.**
  * funny 이상한

  이거 냄새가 이상한데.

5 **His hair smells horrible.**
  * horrible 불쾌한, 지독한

  걔 머리에서 지독한 냄새가 나.

동사 smell은 명사를 목적어로 받는 3형식 동사로 쓰이기도 하지만 형용사의 도움을 받아서 '~의 냄새가 나다'의 의미를 전하는 2형식 동사로도 중요하게 사용됩니다. 사람, 사물, 또는 공기의 냄새를 말하지요. 보어로 쓰이는 형용사 중에는 stale에 주목할 필요 있습니다. 보통 '음식이나 맛이 상한 상태인'의 의미로 쓰이는데 이것이 공기의 냄새로 쓰일 때는 '썩은 듯이 퀴퀴한'정도의 의미를 전하게 됩니다.

〈3인칭 주어＋tastes/tasted＋형용사〉의 형태를 갖춘 2형식 문장

1 **This tastes better**.　　　　　이게 맛이 더 좋네.
　　* better 더 나은

2 **It tastes familiar**.　　　　　익숙한 맛인데.
　　* familiar 익숙한

3 **This coffee tastes bitter**.　이 커피 쓰네.
　　* bitter 맛이 쓴

4 **Food tasted terrific**.　　　음식 맛이 아주 좋았어.
　　* terrific 아주 좋은

5 **It tasted heavenly**.　　　　맛이 아주 상큼했어.
　　* heavenly 아주 상큼한, 쾌적한

동사 taste는 형용사의 도움을 받아서 '~의 상태의 맛이 나다'의 의미를 전합니다. 먹어봐야 맛을 알 수 있는 것이기 때문에 당연히 음식에 국한해서 사용되는 불완전 자동사입니다. taste heavenly를 직역하면 '천국의 맛이 나다'가 되지요. 매우 강조된 표현입니다. terrific은 terrible과 완전 반대의 의미입니다. 혼동하지 않도록 주의해야 합니다.

연습문제

우리말에 해당되는 영어 문장을 적어 보세요.

1. 나 걔 진짜 싫어. //

2. 너한테 화난 거 아니야. //

3. 나 오래 안 있어. //

4. 난 그거 질렸어. //

5. 나 요리 잘해. //

영어를 한글로 해석해 보세요

1. Are you hurt? //

2. I feel safe with him. //

3. You look so fresh. //

4. It sounds simple. //

5. Food tasted terrific. //

Step2 ● ● ○ ○ ○

연습문제

우리말에 맞게 영어 문장을 완성해 보세요.

1. 공기에서 퀴퀴한 냄새가 나네.   The air _____ stale.

2. 걔 속상한 목소리야.   He _____ upset.

3. 아주 편해.   I _____ so comfortable.

4. 너 진심이야?   Are you _____ ?

5. 나 걔하고 친해.   I'm _____ with him.

영어 문장에 맞는 한글 해석을 연결하세요.

1. I'm done.   ○   ● a. 나 허락 받았어.

2. I'm listening.   ○   ● b. 나 끝났어.

3. I'm not that hungry. ○   ● c. 그 정도로 배고프지 않아.

4. I'm afraid for him. ○   ● d. 걔가 정말 걱정돼.

5. I'm allowed.   ○   ● e. 듣고 있어.

[3형식 문장]

1
〈주어+동사+목적어〉의 형태를 갖춥니다.

2
주어의 능동적인 동작, 또는 상태를 말합니다.

3
목적어를 받는 동사를 '타동사'라고 합니다.

4
목적어로는 명사만 올 수 있습니다.

5
명사에는 **명사, 대명사, 동명사, 부정사 등이 포함**됩니다.

⟨I + have + 명사⟩의 형태를 갖춘 3형식 문장

1 **I have another plan.** 내가 선약이 있네.
  * another plan 다른 계획, 선약

2 **I have a better idea.** 더 좋은 생각이 있어.
  * better idea 더 좋은 생각

3 **I have no excuse.** 변명할 말이 없어.
  * excuse 변명

4 **I have a thousand questions.** 질문할 게 너무 많아.
  * a thousand questions 엄청 많은 질문

5 **I have an alibi.** 나 알리바이 있어.
  * alibi 알리바이

have는 '~을 가지고 있다'라는 의미의 상태 동사입니다. 상태 동사란 동사임에도 불구하고 '움직임이 전혀 없는 동사'를 뜻하지요. 가지고 있는 상태이니 움직이지 않는다는 겁니다. 가지고 있다고 해서 육안으로 볼 수 있는 물건만을 가지고 있는 건 아닙니다. '생각', '변명'들처럼 추상적인 것을 가지고 있다고 말할 때도 사용하지요. 직역은 '~을 가지고 있다'이지만 '~이 있다'라고 흔히 해석됩니다.

〈I+need+명사〉의 형태를 갖춘
3형식 문장

1 **I need a lot of things.** 필요한 게 정말 많아.
  * a lot of things 많은 것들

2 **I need a shower.** 나 샤워 좀 해야 돼.
  * shower 샤워

3 **I need evidence.** 지금 증거가 필요해.
  * evidence 증거

4 **I need a favor.** 나 도움이 필요해.
  * favor 호의, 도움

5 **I need more time.** 지금 더 많은 시간이 필요해.
  * more time 더 많은 시간

need는 '~을 반드시 필요로 하다'의 의미입니다. 선택이 아니라 필수의 느낌이지요. 필요한 걸 구하지 못하면 문제가 발생할 수 있다는 느낌을 전합니다. '선택'이 강조된 want와 비교해서 촉박하고 간절한 느낌을 줍니다. a lot of 는 셀 수 있는 명사와 셀 수 없는 명사 앞에 모두 사용될 수 있는 구어체 표현입니다. evidence는 '셀 수 없는 명사'에 해당되지요. 그래서 앞에 an이 붙지 않습니다. favor는 '호의'의 느낌을 담은 '도움'입니다. help는 그저 '도움'만 강조한 어휘이지요.

〈I+ want/need to+동사〉의 형태를 갖춘 3형식 문장

1 **I want to speak to him.**
   * speak to ~와 진지한 대화를 나누다

그와 대화를 좀 나누고 싶습니다.

2 **I want to know of him.**
   * know of ~에 대해서 알다

그에 대해 알고 싶어.

3 **I need to see you.**
   * see ~을 만나다

널 꼭 만나야 돼.

4 **I need to think.**
   * think 생각하다

생각 좀 해봐야 돼.

5 **I need to eat something.** 나 뭐 좀 먹어야 돼.
   * eat something 뭔가를 먹다

'to 동사원형'의 형태를 보통 부정사라고 지칭합니다. 부정사는 명사역할을 할 때가 있습니다. 따라서 동사의 목적어로도 흔히 등장하지요. 동사 바로 다음에 부정사가 나오면 목적어 역할을 한다는 사실을 꼭 기억해 두세요. 명사 어휘만 목적어로 생각하는 습관 때문에 부정사를 너무 가볍게 생각하고 무관심해지는 일이 흔히 발생해서 영어 학습에 방해되는 경우가 상당히 빈번히 일어납니다. know him이라고 하면 '그를 개인 적으로 아주 잘 알다'의 느낌이고 know of him은 '그에 대해서 잘 안다'는 의미입니다.

〈I+like+명사〉의 형태를 갖춘
3형식 문장

1 I like friendly people. 난 친절한 사람이 좋아.
  * friendly 친절한, 우호적인

2 I like your idea. 네 아이디어 마음에 드네.
  * like ～이 마음에 들다

3 I like burgers. 나 햄버거 좋아해.
  * burger 햄버거

4 I like it very much. 그거 정말 마음에 드네.
  * very much 매우

5 I like your attitude. 네 정신자세 마음에 들어.
  * attitude 정신자세, 사고방식

like는 '~을 좋아하다', '~이 마음에 들다' 등의 의미를 갖는 상태 동사입니다. 상태 동사는 진행형이 존재하지 않지요. I'm liking it. 형태의 문장은 존재하지 않는다는 겁니다. 목적어로는 셀 수 있는 명사와 셀 수 없는 명사가 모두 올 수 있습니다. 셀 수 있는 명사가 쓰일 때는 '수의 일치'에 항상 신경 써야 합니다. 셀 수 있는 단수 명사일 때는 명사 앞에 a나 an을 붙이게 되지요. 복수일 때는 명사의 복수형을 정확히 이용해야 합니다. 셀 수 없는 명사일 때는 당연히 명사 앞에 a와 an이 붙지 않고 복수형은 존재하지 않습니다.

⟨I + hate + 명사⟩의 형태를 갖춘 3형식 문장

1 **I hate myself.**
  * myself 나 자신

나는 내 자신이 싫어.

2 **I hate this haircut.**
  * haircut 자른 머리 모양, 헤어스타일

머리 이렇게 자르는 거 정말 싫어.

3 **I hate this time of year.**
  * this time of year 1년 중 이 맘때

난 1년 중 이 맘때가 정말 싫거든.

4 **I hate running.**
  * running 달리기

난 뛰는 거 정말 싫어.

5 **I hate the sound of it.**
  * sound 소리

난 그 소리가 너무 싫어.

---

hate는 '~을 싫어하다'의 의미를 전하는 상태 동사입니다. 엄밀히 따지면 구어체보다는 문어체에 해당되는 어휘입니다. 구어체 어휘는 메시지가 강하지 않습니다. 말할 때는 그 사람의 표정과 억양, 그리고 어투가 섞여 나오기 때문에 굳이 어휘에만 메시지를 실을 필요가 없죠. 하지만 문어체 어휘는 다릅니다. 그 안에 감정과 표정, 억양 등을 한꺼번에 담습니다. 따라서 문어체 어휘를 구어체에서 활용하면 매우 강한 메시지를 전하게 되지요. 그러므로 문어체 어휘를 구어체에서 활용할 때는 매우 조심해야 합니다.

〈It+takes/took+명사〉의 형태를 갖춘 3형식 문장

1 **It takes an hour.**   그거 한 시간 걸려.
  * an hour 한 시간

2 **It takes forever.**   그거 시간 오래 걸려.
  * forever 오랜 시간

3 **It took too much time.** 그거 시간 너무 오래 걸렸어.
  * too much time 너무 오랜 시간

4 **It takes courage.**   그거 용기가 필요해.
  * courage 용기

5 **It takes patience.**   인내심이 필요한 일이야.
  * patience 인내심, 참을성

동사 take는 활용도가 가장 높은 동사들 중의 하나입니다. 대표적인 뜻으로 '시간이 ~걸리다', '~을 필요로 하다'등이 있습니다. 특히 시간을 말할 때는 It takes ~ 형태가 대표적으로 쓰입니다. 일상대화에서 심심치 않게 등장하는 형태이지요. 또한 목적어로 추상명사를 받아서 '~을 필요로 하다'의 의미를 전할 때 매우 유용하게 쓰입니다. 추상 명사는 셀 수 없으므로 그 앞에 a나 an을 붙이지 않습니다. 또한 복수형이 따로 존재하지 않습니다. 말할 때는 물론 글을 쓸 때 매우 조심해야 되는 문법입니다. take의 과거형은 took입니다.

〈He/She + put[과거] + 명사〉의
형태를 갖춘 3형식 문장

1 **He put his hand
on my shoulder.**
  * put something on 뭔가를 ~위에 놓다

그는 자기 손을
내 어깨 위에 얹었다.

2 **He put his kid to bed.**
  * put to bed 재우다

그는 아이를 재웠다.

3 **He put her
on the phone.**
  * put somebody on the phone 전화를 바꿔주다

그는 그녀를 바꿔줬다.

4 **She put a stop to it.**
  * put a stop to ~을 멈추다

그녀는 그 행위를 멈췄다.

5 **She put on makeup.**
  * makeup 화장 put on makeup 화장하다

그녀는 화장했다.

동사 put은 '~을 놓다'의 의미입니다. 물건을 어느 장소에 놓을 때 쓰이지요. 물론 같은 상황에서 lay, place 등의 동사들도 쓰일 수 있습니다. Put it on the desk.를 Lay it on the desk, 또는 Place it on the desk.라고 말할 수도 있는 겁니다. 또한 put은 '~을 어떤 상태에 놓다'의 의미로도 활용됩니다. 그럴 때 역시 뒤에 전치사 구(to bed, on the phone, to it)의 도움을 받던지 부사(on)의 도움을 받아서 문장을 완성하게 됩니다. She put on makeup.은 She put makeup on.이라고도 말합니다.

〈Don't + say + 명사〉의 형태를 갖춘
3형식 문장

1 **Don't say anything.**   넌 아무 말도 마.
  * not anything 아무 것도 아닌

2 **Don't say that to me.**   나한테 그런 소리 마.
  * say that to ~에게 그 말을 하다

3 **Don't say a word.**   넌 한 마디도 하지 마.
  * say a word 한 마디 하다

4 **Don't say sorry.**   미안하다는 말 하지도 마.
  * say sorry 미안하다 말하다

5 **Don't say another word.**   너 한 마디 더 하기만 해봐.
  * another word 한 마디 더

동사 say는 '~을 말하다'의 의미입니다. '대화를 하다(talk, speak)', '~을 전하다(tell)' 등과는 완전히 다른 의미입니다. 명령문에서는 주어인 You가 흔히 생략됩니다. Don't say ~는 '~을 말하지 말라'는 의미이기 때문에 매우 강한 명령조의 억양이 나오게 됩니다. 이와 같은 명령문은 가까운 사이가 아니면, 또는 화난 상태에서 강하게 말하는 경우가 아니면 사용하지 않는 것이 좋습니다. 말은 상대에 따라서, 또는 환경에 따라서 가려 쓸 필요가 있는 겁니다. 그게 배려이고 예의입니다. 외국어를 배울 때는 단지 단어와 문장만 배우는 것이 아니라 그 말이 담고 있는 감정선까지 세밀하게 배워야 합니다.

45

〈Stop + 동명사〉의 형태를 갖춘 3형식 문장

1 **Stop worrying.**   걱정 그만해.
  * worry 걱정하다

2 **Stop torturing yourself.**   자학하지 마.
  * torture oneself 자학하다

3 **Stop talking like that.**   너 그런 식으로 말하지 마.
  * like that 그런 식으로

4 **Stop moving.**   그만 좀 움직여.
  * move 움직이다

5 **Stop thinking about it.**   그 생각 그만 좀 해라.
  * think about ~에 대해서 생각하다

동사 stop은 '~을 멈추다', '~을 그만두다'등의 의미를 전하는 타동사입니다. 목적어로 명사, 대명사, 그리고 동명사를 받게 되지요. 그 중에 동명사를 목적어로 받는 경우의 표현들입니다. 어떤 행위를 멈춘다는 것은 계속 진행해오고 있던 행위를 멈추는 겁니다. 따라서 목적어로 동명사가 올 수 밖에 없지요. '미래'를 의미하는 '부정사'가 목적어로 올 수는 없습니다.

⟨She/He + called + me⟩의 형태를 갖춘 3형식 문장

1 **She called me for dinner**.
   * call for dinner 저녁을 먹자고 전화하다
   개가 저녁 먹자고 전화했어.

2 **She called me at three**.
   * at three 3시에
   개가 3시에 전화했는데.

3 **She called me an hour ago**.
   * ago ~전에
   개가 한 시간 전에 전화했어.

4 **He called me from that number**.
   * call me from ~로 나한테 전화하다
   개 그 번호로 나한테 전화했어.

5 **He called me out of the blue**.
   * out of the blue 갑자기
   개가 갑자기 나한테 전화했어.

3형식에서 동사 call은 '~에게 전화하다'의 의미를 갖습니다. 그 중에 '나에게 전화하다'의 의미를 전하는 call me를 이용한 문장들입니다. 물론 call에는 '~을 소리내어 부르다'의 의미가 포함되어 있습니다. 어찌 보면 가장 기본적인 의미이지요. 그러나 call이 형식에 쓰일 때는 '~에게 전화하다'의 의미로 사용되는 경우가 압도적으로 많습니다. from that number에 주의하셔야 합니다. 쉽게 나올 수 있는 표현이 아닙니다. out of the blue는 out of the clear blue sky에서 축약된 표현입니다. '청천벽력'과 같은 느낌입니다.

〈He + took + (대)명사〉의 형태를 갖춘 3형식 문장

1 **He took a bath.**
   * take a bath 목욕하다

   그는 목욕을 했다.

2 **He took his gun out of its holster.**
   * holster 권총집

   그는 총을 권총집에서 꺼냈다.

3 **He took her to dinner.**
   * take someone to dinner 나가서 저녁을 대접하다

   그는 그녀를 데리고 나가서 저녁을 샀다.

4 **He took it seriously.**
   * take something seriously ~을 심각하게 받아들이다

   그는 그것을 심각하게 받아들였어.

5 **He took it as a good sign.**
   * a good sign 좋은 징조

   그는 그것을 좋은 징조로 받아들였다.

동사 take에는 근본적으로 '이동'의 개념이 포함되어 있습니다. 한 자리에서 다른 자리로의 이동이지요. 장소의 이동으로 인한 '시간이 걸리다'와 뭔가를 당장 필요한 장소로 이동시켜야 한다는 '~을 필요로 하다'의 의미가 생겨난 배경입니다. 그런 '이동'을 중심으로 take는 상황에 따라서 다양한 우리말로 해석됩니다. 그 중에 '~을 받아들이다'의 활용도가 매우 높습니다. Don't take it seriously.는 "심각하게 받아들이지 마."의 의미이며 You can take it as a compliment.는 "그건 칭찬으로 받아들여도 돼."의 뜻입니다.

연습문제

우리말에 해당되는 영어 문장을 적어 보세요.

1. 변명할 말이 없어.

2. 지금 증거가 필요해.

3. 생각 좀 해봐야 돼.

4. 네 정신자세 마음에 들어.

5. 머리 이렇게 자르는 거 싫어.

영어를 한글로 해석해 보세요.

1. It takes forever.

2. He put his kid to bed.

3. Don't say that to me.

4. Stop torturing yourself.

5. He called me out of the blue.

Step3 ● ● ● ○ ○

연습문제

우리말에 맞게 영어 문장을 완성해 보세요.

1. 그는 그것을 좋은 징조로 받아들였어.　　　He took it as a good _____.

2. 걔가 저녁 먹자고 전화했어.　　　She called me for _____.

3. 그만 좀 움직여.　　　Stop _____.

4. 넌 한 마디도 하지 마.　　　Don't say a _____.

5. 그녀는 그 행위를 멈췄다.　　　She put a _____ to it.

영어 문장에 맞는 한글 해석을 연결하세요.

1. It takes courage. ○   ● a. 그에 대해 알고 싶어.

2. I hate myself. ○   ● b. 그거 용기가 필요해.

3. I want to know of him. ○   ● c. 나는 내 자신이 싫어.

4. I need a favor. ○   ● d. 내가 선약이 있네.

5. I have another plan. ○   ● e. 나 도움이 필요해.

Step 4

•
•
•
•
○

[4형식 문장]

1

〈주어＋동사＋간접목적어＋직접목적어〉의 형태를 갖춥니다.

2

흔히 '～에게 …을'로 해석됩니다.

⟨He/It＋gave＋me＋명사⟩의 형태를 갖춘 4형식 문장

1 **He gave me the wrong information.**
  * wrong information 잘못된 정보

  그가 내게 잘못된 정보를 주었다.

2 **He gave me a ride.**
  * give a ride 차를 태워주다

  그가 나를 태워줬어.

3 **He gave me your number.**
  * number 전화번호

  걔가 네 번호 줬어.

4 **It gave me a hard time.**
  * hard time 힘든 시간

  그것 때문에 힘들었어.

5 **It gave me a hint.**
  * hint 힌트, 암시

  내가 거기에서 힌트를 얻었어.

동사 give는 '~을 주다'의 의미를 전하는 3형식 동사인 동시에 '~에게 …을 주다'의 뜻을 전하는 4형식 동사로도 흔히 사용됩니다. 뭔가를 준다고 해서 반드시 육안으로 보이는 물건만을 주는 것은 아닙니다. 추상적인 것을 준다는 의미로도 빈번히 활용됩니다. 그럴 때는 특히 의역을 잘해야 합니다. '주다'의 개념이 살아 있는 의역인 것이지요. It gave me a hard time.은 "그것이 나에게 힘든 시간을 주었다."이지만 "그것 때문에 힘들었어."로 의역할 수 있어야 되는 겁니다.

〈Give＋me＋명사〉의 형태를 갖춘 4형식 문장

1 **Give me your key to this place**.
   * this place 이 곳, 이 장소

   여기 열쇠 있으면 좀 줘봐.

2 **Give me some more time**.
   * some more time 더 많은 시간

   시간 좀 더 줘.

3 **Give me a call later**.
   * give a call 전화하다

   나중에 전화 줘.

4 **Give me another chance**.
   * another chance 또 한 번의 기회

   기회 한 번만 더 줘.

5 **Give me some advice on it**.
   * advice 충고

   그 일 충고 좀 해주지.

동사 give가 만드는 명령문입니다. 명령문에서는 주어 You가 생략됩니다. 그 중에도 Give me 명령구문은 활용도가 대단히 높습니다. 명령문은 가까운 사이에서 가볍게 활용할 수 있지만 문장에 따라서는 '강요'의 성격이 두드러져서 아무리 가까운 사이라도 그 사용을 자제하는 것이 좋을 수 있습니다. 하지만 명령문이라도 '부탁'의 성격이 강해서 편하게 사용할 수 있는 문장들도 있습니다.

〈I'll + buy + 대명사 + 명사〉의 형태를 갖춘 4형식 문장

1 **I'll buy you coffee.**
   * buy ~을 대접하다

   내가 커피 살게.

2 **I'll buy myself a book.**
   * buy oneself something 자신이 쓰려고 ~을 사다

   책 한 권 사서 읽어야겠어.

3 **I'll buy you dinner some time soon.**
   * some time soon 조만간, 곧

   조만간 내가 저녁 한번 살게.

4 **I'll buy him a drink.**
   * buy a drink 한 잔 사다

   걔한테 한 잔 사야겠어.

5 **I'll buy her a new one.**
   * a new one 새 것

   내가 걔한테 새 걸로 하나 사줘야겠어.

동사 buy는 '~을 사다' 이외에 '~을 사주다'의 의미를 포함합니다. 그래서 I'll buy coffee. 라고 하면 "나 커피 살 거야."가 되고 I'll buy coffee for you. 라고 하면 "나는 너를 위해서 커피 살 거야."가 됩니다. 여전히 3형식 문장이지요. 의역하면 "내가 커피 살게."입니다. 이것을 I'll buy you coffee. 즉, 4형식 문장으로 흔히 바꿔 사용합니다. 같은 의미를 전하는 3형식 문장과 4형식 문장이 있다면 4형식 문장을 즐겨 사용하는 것이 그들의 습관입니다. 3형식으로 쓰면 전치사 뒤에 쓰이는 명사가 문장의 형식에는 아무런 역할을 하지 못하기 때문에 그만큼 중요도가 떨어져 보여서 4형식을 즐겨 사용하는 것입니다.

⟨Send + 대명사 + 명사⟩의
형태를 갖춘 4형식 문장

1 **Send him an e-mail**.　　　　그에게 이메일 보내줘.
　* an e-mail 이메일

2 **Send me that photo**.　　　　그 사진 나한테 보내줘.
　* photo 사진

3 **Send her my love**.　　　　　그녀에게 안부 전해줘.
　* love 안부, 애정

4 **Send me your address**.　나한테 주소 좀 보내줘.
　* address 주소

5 **Send them a cab**.　　　　　걔들한테 택시 보내줘.
　* cab 택시

동사 send는 '~을 보내다'의 의미를 전하는 3형식 동사입니다. 그래서 Send the picture.는 "그 사진을 보내면 되잖아."가 되고 Send the picture to him.은 "그 사진을 걔한테 보내."로 해석합니다. to him은 전치사구라서 문장의 형식에서 제외되므로 이 문장은 여전히 3형식입니다. 동사 send를 4형식 동사로 바꾸면 Send him the picture.가 됩니다. 똑같은 의미이지만 형식만 달라진 것이죠. 두 개의 목적어에 똑같은 중요도를 싣기 위해서 4형식 문장이 존재합니다. 추상적인 목적어가 나오는 Send her my love.같은 문장을 특히 신경 써서 이해하고 사용해야 됩니다.

55

⟨She＋offered＋대명사＋명사⟩의 형태를 갖춘 4형식 문장

1 **She offered me coffee**.
   * offer ~을 권하다

   그녀는 내게
   커피를 권했다.

2 **She offered him a ride**.
   * offer ~을 제의하다, ~을 제안하다

   그녀는 그를
   태워주겠다고 했다.

3 **She offered me the choice**.
   * choice 선택, 선택권

   그녀는 내게
   그 선택권을 줬다.

4 **She offered him a chair**.
   * offer ~을 제공하다

   그녀는 그에게
   의자를 내밀었다.

5 **She offered them food or clothes**.
   * clothes 옷

   그녀는 그들에게
   음식이나 옷을 제공했다.

동사 offer는 '~에게 …을 제공하다'의 기본 의미를 갖는 4형식 동사입니다. 하지만 너무 '제공하다'의 의미에 갇혀 있으면 곤란합니다. 상황에 따라서는 '권하다', '제안하다' 등의 의미로 해석해야 될 때가 있지요. 흔히 있습니다. 어휘를 하나의 고정된 의미로만 기억하고 있으면 영어를 이해하는 데 상당히 문제가 생깁니다. 한 단어의 중심 개념에서 파생되는 다양한 우리말 의미를 찾아서 이해하고 그 활용에 익숙해질 필요가 있습니다.

⟨3인칭 주어＋cost＋대명사＋명사⟩의 형태를 갖춘 4형식 문장

1 **The ticket cost him forty dollars**.

개 그 표 40달러 주고 샀어.

  * cost ~의 비용이 들게 하다

2 **My drinking cost me my health**.

술 때문에 내 건강이 나빠졌어.

  * cost ~을 희생시키다

3 **She cost me my job**.

그녀 때문에 난 직업을 잃었어.

  * cost me my job 내 직업을 잃게 하다

4 **It has cost you a lot**.

그 일로 당신은 많은 것을 희생했어.

  * cost you a lot 당신이 많은 것을 희생하게 하다

5 **The accident cost him his life**.

그 사고로 그는 목숨을 잃었다.

  * accident 사고 cost him his life 목숨을 잃게 하다

동사 cost는 대단히 중요하면서 특별한 주의를 요하는 어휘입니다. 가장 기본적인 의미는 '~의 비용을 들게 하다' 입니다. 하지만 '~을 희생시키다' 의 의미로 사용될 때가 흔히 있습니다. 이게 아주 중요한 의미이지요. 활용이 쉽지는 않지만 아무리 입문단계라 해도 이 어휘는 짚고 넘어가는 게 좋습니다. 특히 4형식에서 쓰일 때는 '주어는 ~가 …을 희생하게 만들다', '주어로 인해서 ~는 …을 잃다' 등의 의미를 전합니다.

〈Lend+me+명사〉의 형태를 갖춘 4형식 문장

1 **Lend me the book.** 그 책 좀 빌려줘.
　　* lend ~을 빌려주다

2 **Lend me your ear.** 귀 좀 빌려줘봐.
　　* lend an ear 귀를 빌려주다

3 **Lend me some money.** 돈 좀 빌려줘.
　　* lend money 돈을 빌려주다

4 **Lend me your shoes.** 네 신발 좀 빌리자.
　　* lend shoes 신발을 빌리다

5 **Lend me a hand with this.** 나 이거 좀 도와줘.
　　* lend a hand 도움을 주다

동사 lend는 '~을 빌려주다'의 의미입니다. 3형식과 4형식에 모두 사용되지요. 돈은 물론, 자동차, 물건, 심지어는 귀를 빌려준다는 상황에서도 활용됩니다. 발음할 때 특히 주의해야 합니다. [l]과 [r]를 혼동해서는 안됩니다. 우리말로는 비슷하게 들릴지 몰라도 영어에서는 완전히 다른 발음입니다. rend me가 되지 않도록 정확히 발음하세요. Lend me a hand with this.는 Give me a hand with this.와 같은 의미입니다.

연습문제

우리말에 해당되는 영어 문장을 적어 보세요.

1. 그가 나를 태워줬어.　　//

2. 나중에 전화 줘.　　//

3. 걔한테 한잔 사야겠어.　　//

4. 그 사진 나한테 보내줘.　　//

5. 그녀는 내게 커피를 권했다.　　//

영어를 한글로 해석해 보세요.

1. She cost me my job.　　//

2. Lend me your ear.　　//

3. It gave me a hard time.　　//

4. Give me some advice on it.　　//

5. I'll buy myself a book.　　//

Step4 ● ● ● ● ○

연습문제

우리말에 맞게 영어 문장을 완성해 보세요.

1. 그녀에게 안부 전해줘.	Send her my _____.
2. 그녀는 내게 그 선택권을 줬어.	She _____ me the choice.
3. 그 일로 당신은 많은 것을 희생했어.	It has _____ you a lot.
4. 나 이거 좀 도와줘.	Lend me the _____ with this.
5. 내가 거기에서 힌트를 얻었어.	It _____ me a hint.

영어 문장에 맞는 한글 해석을 연결하세요

1. Give me some more time. ○

2. I'll buy her a new one. ○

3. Send me your address. ○

4. She offered him a chair. ○

5. Lend me some money. ○

● a. 그녀는 그에게 의자를 내밀었다.

● b. 내가 새 걸로 하나 사줘야겠어.

● c. 돈 좀 빌려줘.

● d. 시간 좀 더 줘.

● e. 나한테 주소 좀 보내줘.

[5형식 문장]

1

〈주어+동사+목적어+목적 보어〉의 형태를 갖춥니다.

2

목적 보어는 **목적어의 행위나 상태**를 말합니다.

3

목적 보어로는 **명사, 형용사, to 부정사 등**이 올 수 있습니다.

〈I＋want＋you＋부정사〉의 형태를 갖춘 5형식 문장

1 **I want you to do it.**   네가 그걸 좀 했으면 좋겠어.
  * to do it 앞으로 그것을 하다

2 **I want you to meet John.**   존이야, 인사해.
  * to meet John 존과 인사하다

3 **I want you to be happy.**   난 네가 행복하기를 바래.
  * to be happy 앞으로 행복하다

4 **I want you to talk to her.**   그녀와 대화를 좀 해봐.
  * to talk to her 앞으로 그녀와 대화하다

5 **I want you to understand.**   네가 이해해주면 좋겠어.
  * to understand 앞으로 이해하다

I want you to ~는 '나는 네가 ~을 하기를 원하다'의 의미입니다. to 부정사는 '미래'의 의미를 갖습니다. 또한 네가 뭔가를 하기를 원한다는 것은 '미래'의 일을 말하지요. 그래서 want와 부정사는 궁합이 제대로 맞습니다. 그리고 to 이하의 행위는 바로 목적어인 you가 미래에 할 행위입니다. to 부정사가 목적어 you의 보어로 쓰인 겁니다. 정확히 5형식 문장입니다. I want you to meet John.은 "나는 네가 존을 만나기를 원해."가 아니라 당장 두 사람 앞에서 "존이야, 인사해."의 의미로 사용되는 문장입니다. 오해가 없도록 정확히 기억해 두세요.

⟨I+need+you+부정사⟩의
형태를 갖춘 5형식 문장

1 **I need you to pick him up.** 네가 걔를 좀 픽업해줘.

 * to pick him up 앞으로 그를 픽업하다

2 **I need you to explain.** 네가 설명 좀 해봐.

 * to explain 앞으로 설명하다

3 **I need you to make a reservation.** 네가 예약 좀 해줘야겠다.

 * to make a reservation 앞으로 예약하다

4 **I need you to contact her.** 네가 그녀에게 연락을 좀 해줘야겠어.

 * to contact her 앞으로 그녀에게 연락하다

5 **I need you to do me a favor.** 네가 나를 꼭 좀 도와줘야겠어.

 * to do me a favor 앞으로 나를 도와주다

I need you to ~는 '당신이 꼭 좀 ~을 해줘야겠다'는 강한 요구의 표현입니다. 역시 to 부정사가 '미래'의 의미를 전함에는 변함이 없지요. 그리고 반드시 그렇게 해달라는 '간절함'이 느껴지는 표현이기도 합니다. 선택의 여지가 있는 want와 선택의 여지가 없이 강력한 필요성을 말하는 need의 활용을 적절하게 잘 구별해서 해야 합니다. 명사 favor는 '호의'에 해당됩니다. 따라서 do me a favor는 '내게 호의를 베풀다' 즉, '나를 도와주다'로 해석합니다.

〈I + saw + 대명사 + 현재분사〉의 형태를 갖춘 5형식 문장

1 **I saw it coming.**
   * coming 다가오고 있는

   내가 그렇게 될 줄 알았어.

2 **I saw you writing an e-mail.**
   * writing an e-mail 이메일을 쓰고 있는

   내가 너 이메일 쓰고 있는 걸 봤는데 뭐.

3 **I saw her standing in the rain.**
   * standing in the rain 빗속에 서 있는

   그녀가 비를 맞으며 서 있는 거 봤어.

4 **I saw him crossing the street.**
   * crossing the street 길을 건너고 있는

   걔 길 건너고 있는 거 봤는데.

5 **I saw them sitting in a circle.**
   * sitting in a circle 둘러 앉아 있는

   그들이 삥 둘러 앉아 있는 거 봤어.

동사 see는 '~을 두 눈으로 보다'입니다. '보고 깨닫는다'하여 '지각동사'로 분류됩니다. 목적어가 그 행위를 뒤에 받을 때 현재분사가 오는 경우입니다. 현재분사는 진행형이지요. 따라서 see의 목적 보어로 현재분사가 오면 '목적어가 어떤 행위를 진행 중인 모습을 잠깐 보다'의 의미가 됩니다. 진행 중인 것을 봤을 뿐 마무리되는 모습까지는 보지 못한 거에요. 그래서 '잠깐 본 것'으로 이해합니다. I saw it coming.은 "나는 그 상황이 다가오고 있는 것을 봤다."는 겁니다. 그래서 "진작에 그렇게 될 줄 알았다."로 의역하게 됩니다.

〈I + saw + (대)명사 + 동사원형〉의 형태를 갖춘 5형식 문장

1 **I saw the sun rise on a beach.**
* rise (해가) 뜨다 beach 바닷가

나는 바닷가에서 해 뜨는 거 봤어.

2 **I saw her dance in a concert.**
* dance in a concert 콘서트에서 춤을 추다

나 그녀 콘서트에 가서 춤추는 거 봤어.

3 **I saw him head for the front door.**
* head for ~을 향해서 가다 front door 정문

걔가 정문을 향해서 가는 걸 봤어.

4 **I saw faces turn toward me.**
* turn toward ~로 향하다

얼굴들이 나를 향하는 것을 봤다.

5 **I saw her enter the living room.**
* enter the living room 거실로 들어가다

나는 그녀가 거실로 들어가는 걸 봤어.

지각동사 see의 목적 보어로 현재분사가 오지 않고 동사원형이 오는 경우입니다. 목적어가 진행하고 있는 행동이나 진행되는 상태를 잠깐 본 것이 아니지요. 끝까지 다 본 겁니다. 어떻습니까? 목적 보어로 현재분사가 오는 경우와의 의미 차이가 분명합니다. 이 차이를 정확히 알고 있어야 문장의 의미를 올바로 이해하고 해석할 수 있습니다. 그저 지각동사의 목적 보어로는 현재분사와 동사원형 모두 다 올 수 있다고만 알고 있으면 절대 안 됩니다. 각각의 정확한 의미 이해가 필요합니다.

〈I+watched+(대)명사+동사원형〉의 형태를 갖춘 5형식 문장

1 **I watched him drink beer.**
   * watch ~을 지켜보다, ~을 주시하다

   나는 그가 맥주 마시는 걸 지켜봤어.

2 **I watched her fight tooth and nail.**
   * tooth and nail 필사적으로, 이를 악물고

   나는 그녀가 필사적으로 싸우는 걸 지켜봤어.

3 **I watched her grow up.**
   * grow up 성장하다

   나는 그녀가 성장하는 걸 옆에서 지켜봤어.

4 **I just watched it happen.**
   * just 그저 happen 일어나다, 생기다

   나 그 일이 일어나는 걸 가만히 지켜만 봤어.

5 **I watched her pray from afar.**
   * pray 기도하다 from afar 아주 멀리서

   나는 그녀가 기도하는 걸 멀리서 지켜봤어.

지각동사 watch가 쓰였습니다. 그 의미는 '~을 지켜보다'입니다. 지켜본다는 것은 동작이나 상황이 어떻게 돌아가는 지를 처음부터 끝까지 신경 써서 본다는 것을 의미합니다. 결국 watch가 5형식에서 쓰일 때는 목적 보어로 동사원형이 나올 수밖에 없습니다. 물론 상황에 따라서는 '일시적인 진행'을 '지켜보는 경우'도 있을 수 있습니다. 하지만 그런 경우는 보편적이지 않기 때문에 watch의 목적 보어로는 일반적으로 동사원형이 온다고 기억해 둬도 좋습니다.

〈I＋heard＋(대)명사＋동사원형〉의 형태를 갖춘 5형식 문장

1 **I heard the front door open**.
   * open 열리다

   나는 현관문이 열리는 소리를 들었어.

2 **I heard him drop ice into a glass**.
   * drop ice into 얼음을 ～안에 떨어뜨리다

   나는 그가 유리잔에 얼음을 떨어뜨리는 소리를 들었어.

3 **I heard him mimic her**.
   * mimic 사람들을 웃기려고 ～을 흉내내다

   나는 그가 그녀 흉내내는 소리를 들었어.

4 **I heard her give a lecture**.
   * give a lecture 강의하다, 강연하다

   나는 그녀의 강연을 들었다.

5 **I heard you yell**.
   * yell 소리 지르다

   네가 소리 지르는 걸 들었는데.

동사 hear는 '～을 듣고 깨닫는다' 하여 역시 지각동사로 분류됩니다. 같은 지각동사 see와 마찬가지로 목적 보어로 동사원형이 올 수도 있고 현재분사가 올 수도 있습니다. 역시 see와 마찬가지로 동사원형이 목적 보어로 오면 목적어가 내는 소리를 '끝까지' 듣는다는 의미가 되고 현재분사가 목적 보어로 오면 목적어가 어떤 소리를 내는 중에 그 소리를 '잠깐' 듣는다로 이해하게 됩니다. hear가 3형식으로 쓰이고 있는지, 또는 5형식으로 쓰이고 있는지를 문장을 듣고 말하는 중에 정확히 알고 있어야 합니다. 그래야 올바른 이해와 의미 전달이 가능합니다.

⟨Allow＋me＋부정사⟩의 형태를 갖춘 5형식 문장

1 **Allow me to do so.**
   * to do so 앞으로 그것을 하다

   내가 그렇게 할 수 있게 허락해줘.

2 **Allow me to show you this.**
   * to show you this 앞으로 이것을 보여주다

   제가 이것을 보여드리죠.

3 **Allow me to save you.**
   * to save you 앞으로 너를 구해주다

   내가 구해줄게.

4 **Allow me to work here.**
   * to work here 앞으로 여기에서 일하다

   여기에서 일할 수 있게 해주세요.

5 **Allow me to go in alone.**
   * to go in 앞으로 안으로 들어가다 alone 혼자

   혼자 들어가게 해주세요.

동사 allow는 '~을 허락하다'의 의미입니다. 뭔가를 허락한다는 것은 '미래'에 일어날 일을 허락하는 것입니다. 따라서 목적 보어로 to 부정사가 오게 되지요. '미래'에는 가까운 미래에서 먼 미래까지 모두 포함됩니다. 반면에 가까운 미래만을 말할 때는 사역동사 let를 이용합니다. 이렇듯 모든 동사는 자신이 사용되는 환경이 정해져 있습니다. 그리고 명령문이라도 상황에 따라서는 존대말로 이해할 수 있음을 기억하고 있어야 합니다.

⟨Let+me+원형 부정사⟩의 형태를 갖춘 5형식 문장

1 **Let me show you something.**   지금 너한테 보여줄 게 있어.
   * (to) show you something 당장 뭔가를 보여주다

2 **Let me explain.**   내가 지금 설명해줄 게.
   * (to) explain 지금 설명하다

3 **Let me help you.**   내가 도와줄 게.
   * (to) help you 너를 지금 도와주다

4 **Let me think for a moment.**   잠깐 생각 좀 해볼 게.
   * (to) think 당장 생각하다 for a moment 잠깐

5 **Let me finish this.**   이거 먼저 좀 끝내고.
   * (to) finish this 이거 당장 끝내다

모든 사역동사는 5형식 동사에 해당됩니다. 그 중에 대표로 let만 소개합니다. let를 포함한 나머지 사역동사들은 뒤에 사역동사 파트에서 자세히 소개합니다. let는 allow와 같은 의미입니다. 단지 허락하는 미래가 가까운 미래냐 먼 미래냐의 차이만 있습니다. 대화 중에 두 단어 중 무엇을 선택해서 쓸 것이냐는 말하는 사람의 의지에 달려 있습니다. allow에도 '가까운 미래'의 의미가 있지만 좀 더 긴박한 미래감은 let에 포함되어 있음을 기억해 두면 좋습니다.

Step5 ● ● ● ● ●

연습문제

우리말에 해당되는 영어 문장을 적어 보세요.

1. 네가 설명을 좀 해봐. //

2. 내가 그렇게 될 줄 알았어. //

3. 나는 그녀가 거실로 들어가는 걸 봤어. //

4. 나는 그녀가 성장하는 걸 지켜봤어. //

5. 네가 소리 지르는 걸 들었어. //

영어를 한글로 해석해 보세요.

1. Allow me to do so. //

2. Let me explain. //

3. I heard him mimic her. //

4. I watched him drink beer. //

5. I saw the sun rise on a beach. //

우리말에 맞게 영어 문장을 완성해 보세요.

1. 그녀가 비 맞으며 서있는 걸 봤어.　　　*I saw her* _____ *in the rain.*

2. 네가 그녀에게 연락을 좀 해줘야겠어.　　*I need you to* _____ *her.*

3. 네가 이해해주면 좋겠어.　　　　　　*I want you to* _____.

4. 이거 먼저 좀 끝내고.　　　　　　　*Let me* _____ *this.*

5. 내가 널 구해줄게.　　　　　　　　*Allow me to* _____ *you.*

영어 문장에 맞는 한글 해석을 연결하세요.

1. *I heard her give a lecture.* ○　　　　● *a.* 얼굴들이 나를 향하는 것을 봤어.

2. *I watched her pray from afar.* ○　　　● *b.* 나는 그녀의 강연을 들었다.

3. *I saw faces turn toward me.* ○　　　● *c.* 존이야, 인사해.

4. *I need you to pick him up.* ○　　　● *d.* 네가 걔를 좀 픽업해줘.

5. *I want you to meet John.* ○　　　　● *e.* 나는 그녀가 기도하는 걸 멀리서 지켜봤어.

71

PART 2

품사 바로 쓰기

품사는 단어가 갖는 고유의 성질입니다.

문장의 주어 역할은 오직 **명사**만 할 수 있습니다.
주어 다음에는 **동사**가 오지요.

동사 다음에 **형용사나 명사**가 와서
주어의 상태, 또는 동작을 설명합니다.

형용사는 **명사의 상태**를 도와주며
형용사와 동사를 강조하기 위해서는 **부사**가 쓰입니다.

명사의 위치나 방향성을 말하고 싶을 때는
전치사의 도움을 필요로 합니다.

[명사의 역할과 의미]

1

주어, 목적어, 보어의 역할을 합니다.

2

명사는 **사람이나 사물, 장소 등의 이름**을 말합니다.

3

명사에는 **셀 수 있는 명사와 셀 수 없는 명사**가 있습니다.

4

일반 명사는 셀 수 있으며 물질 명사와 추상 명사는 셀 수 없습니다.

5

명사는 **단수와 복수에 따른 수의 일치가 정확**해야 합니다.

6

명사를 대신하는 품사를 대명사라고 하며 이는 **명사군에 포함**됩니다.

7

사람을 대신해서 사용되는 대명사를 인칭 대명사라고 합니다.

주어로 쓰이는 **인칭 대명사**

1 **I'm free.**
  * free 자유로운, 시간이 여유로운

  나 시간 많아.

2 **Are you asking me?**
  * ask ～에게 질문하다

  지금 그런 걸 저한테 묻는 거에요?

3 **She's innocent.**
  * innocent 결백한, 아무 죄 없는

  걔는 결백해.

4 **We need to keep in touch.**
  * keep in touch 계속 연락하다

  우리 계속 연락하면서 지내야 돼.

5 **They want you back.**
  * want you back 다시 돌아오기를 원하다

  그들은 네가 다시 돌아오기를 원해.

사람의 이름을 대신해서 사용하는 대명사를 인칭 대명사라고 합니다. 내 이름을 대신해서 '나'를 말할 때는 I, 네 이름을 대신할 때는 You, 그 남자 이름은 He, 그 여자는 She, 그것은 It, 우리는 We, 그것들은 They를 이용해서 이름을 대신하지요. 이것들을 모두 인칭 대명사라고 합니다. 위에 쓰인 모든 인칭 대명사는 '주어'로 쓰였습니다. 그래서 이것들을 주격 대명사라고 말합니다. 각각의 목적격 대명사는 me, you, him, her, it, us, them 등이고 소유격 대명사는 my, your, his, her, its, our, their 등입니다.

동사의 목적어로 쓰이는 명사

1 **Have you read the book?**　　너 그 책 읽었어?
   * read ~을 읽다 the book 그 책

2 **They sell designer clothes.**　그 가게에 가면 명품 옷 팔아.
   * sell ~을 팔다 designer clothes 명품 옷

3 **I ate some fruit.**　　　　　　나 과일 먹었어.
   * eat ~을 먹다 fruit 과일

4 **I skipped lunch.**　　　　　　나 점심 건너 뛰었어.
   * skip ~을 거르다

5 **Can I borrow some money?**　나 돈 좀 빌릴 수 있을까?
   * borrow ~을 빌리다

명사는 동사의 목적어로 쓰입니다. 목적어로 쓰이는 품사는 오직 명사 뿐입니다. 이미 앞서 배웠듯이 목적어를 받는 동사를 타동사라고 합니다. 타동사는 목적어에 해당되는 명사를 뒤에 두지 않으면 그 의미가 완성되지 않습니다. 타동사 뒤에 명사가 나오지 않았다면 그건 틀린 문장이 되는 겁니다. 말할 때와 글을 쓸 때 특히 목적어로서의 명사 활용에 각별히 신경 써야 합니다. fruit는 그 자체가 복수입니다. 따라서 a fruit의 형태는 쓰지 않습니다. lunch 역시 a lunch라고 말하지 않습니다. money도 셀 수 없는 명사입니다.

전치사의 목적어로 쓰이는 명사

1	**I go to work.** * work 직장, 일 to work 직장에	나 직장 다녀.
2	**I'm speaking from experience.** * from experience 경험에서	내가 다 경험에서 하는 말이야.
3	**That's beside the point.** * beside the point 핵심에서 벗어난	지금 그 얘기가 아니잖아.
4	**Let's go for a walk.** * for a walk 걷기를 위해서, 산책을 위해서	우리 산책 가자.
5	**I'm under a lot of pressure.** * under pressure 스트레스를 받는 상태인	나 스트레스 정말 많이 받아.

명사는 전치사의 목적으로도 쓰입니다. 전치사라는 말의 의미는 '앞에 두다'입니다. 그 '앞'은 '명사의 앞'을 의미합니다. 따라서 전치사 뒤에는 반드시 명사가 나와야 합니다. 전치사와 명사는 한 몸이라고 생각하면 됩니다. go to work에서는 work가 동사가 아닌 명사로 쓰인 겁니다. 주의해야 합니다. beside는 '~의 옆에'를 뜻하는 전치사이지요. 따라서 beside the point는 '핵심의 옆'이 되어서 '핵심에서 벗어난'의 의미가 됩니다. under는 '~에 짓눌린 상태인'의 의미를 갖습니다. 그래서 under pressure는 '스트레스에 짓눌린'정도의 의미를 전합니다.

주격 보어로 쓰이는 명사

1 **This is voice phishing.**
   * voice phishing 보이스피싱

   이거 보이스피싱이야.

2 **Is that your name?**
   * name 이름

   그게 네 이름이야?

3 **He's a great candidate.**
   * great 훌륭한 candidate 출마자, 입후보자

   그는 훌륭한 후보자야.

4 **That is a terrible idea.**
   * terrible 형편없는

   그거 진짜 형편없는 아이디어네.

5 **It is truly an honor.**
   * truly 진짜, 정말로 honor 영광, 명예

   그거야 정말 영광이죠.

명사는 주어가 무엇인지를 설명해주는 보어역할을 합니다. 이것을 주격 보어라고 하지요. 주어와 보어를 동일시하는 겁니다. This is voice phishing.에서는 This가 voice phishing이고 voice phishing이 this인 겁니다. 결국 둘 다 똑 같은 것이지요. 주어를 설명하는 역할, 바로 주격 보어입니다. phishing은 private data(개인정보)와 fishing(낚시)를 합해서 만든 어휘입니다. honor는 철자가 h로 시작되지만 발음은 모음으로 시작되기 때문에 a honor가 아닌 an honor가 맞습니다.

77

명사의 단수형

1 **He found me a job.**   걔가 내 일자리를 구해줬어.
   * find me a job 내게 일자리를 구해주다

2 **Have a nice trip.**   여행 잘 다녀와.
   * a nice trip 즐거운 여행

3 **Give me an example.**   예를 하나만 들어봐.
   * an example 하나의 예시

4 **I'll be back in an hour.**   한 시간 후에 돌아올게.
   * be back 돌아오다 in an hour 한 시간 후에

5 **It was an independent movie.**   그건 독립영화였어.
   * an independent movie 독립영화

명사에는 셀 수 있는 것과 셀 수 없는 것이 있습니다. 셀 수 있는 명사일 때는 단수형과 복수형이 존재합니다. 셀 수 있는 단수명사의 앞에 the나 인칭대명사의 소유격(my, your, his, her, its, our, their)이 오지 않을 때는 a나 an이 반드시 붙어야 합니다. 명사의 첫 발음이 자음일 때는 a가 붙고 모음일 때는 an이 붙습니다. 명사의 철자가 아니라 발음에 따라 결정됩니다. hour의 철자 시작은 자음 h이지만 발음은 모음으로 시작됩니다. [하우어]가 아니라 [아우어]이지요. 따라서 hour 앞에는 a가 아닌 an이 붙습니다. 단수명사를 형용사가 수식할 때는 형용사의 발음에 맞추어서 a나 an이 붙습니다.

명사의 복수형

1 **The leaves are falling.**
  * leaf 잎 fall 떨어지다

나뭇잎이 떨어지네.

2 **Tell me funny stories.**
  * funny 웃기는, 재미있는 story 이야기

재밌는 얘기해줘.

3 **I like tomatoes.**
  * tomato 토마토

나 토마토 좋아해.

4 **I take pictures.**
  * picture 사진 take pictures 사진 찍다

나 사진 찍는 일해.

5 **It happened years ago.**
  * happen 일어나다 years ago 여러 해 전에

그건 여러 해 전에 있었던 일이야.

셀 수 있는 명사에는 복수형이 존재합니다. 두 개 이상일 때는 a나 an을 붙이지 않고 명사 고유의 복수형을 사용하지요. 복수형에는 규칙변화와 불규칙변화가 있습니다. 별도로 규칙변화와 불규칙변화 명사를 외우는 것보다는 문장에 쓰일 때마다 문장 자체를 기억함으로써 자연스럽게 명사의 복수형을 익히는 게 좋습니다. '잎'을 뜻하는 leaf의 복수형은 leaves입니다. '이야기'인 story의 복수형은 stories이지요. tomato에는 -es가 붙고 picture와 year에는 -s만 붙습니다. 법칙으로 외우지 마시고 문장 안에서 자연스럽게 기억하세요. 복수형 명사 뒤에 쓰이는 be 동사의 현재형은 are입니다.

물질 명사

1 **Let me get you some water.**
   * some water 어느 정도의 물

   물 가져다 줄게.

2 **I smell smoke.**
   * smell smoke 담배 냄새를 맡다

   담배 냄새가 나네.

3 **I want to make more money.**
   * make money 돈을 벌다

   돈 더 벌고 싶어.

4 **I don't want coffee.**
   * want coffee 커피를 마시고 싶다

   난 커피 됐어.

5 **My tires lost some air.**
   * lose air 바람이 빠지다

   타이어에 바람이 좀 빠졌어.

물질 명사에는 기체, 액체, 고체가 포함됩니다. 물질 명사는 셀 수 없는 명사입니다. a나 an이 절대 붙을 수 없습니다. 만일 붙는다면 명사의 의미가 달라집니다. 기체의 대표는 '공기' air이고 액체의 대표는 water, coffee, milk 등입니다. 고체의 대표는 money가 되겠네요. 물질 명사의 '양'을 표현하고 싶을 때는 보통 some을 이용합니다. some air, some water, some money, 이런 식입니다. I want some coffee.나 I want coffee.를 대신해서 I want a coffee.를 쓰는 경우가 있습니다. 그것은 I want a cup of coffee.에서 cup of를 뺀 것입니다. a coffee를 '커피 한 잔'의 의미로 사용하는 것입니다.

추상 명사

1 **Tell me the truth.**
   * truth 진실, 사실

   내게 진실을 말해줘, 진실을.

2 **Pay attention to me.**
   * attention 주목, 주의

   내 말에 집중 좀 해, 집중.

3 **He never offers advice.**
   * offer advice 충고하다

   그는 절대 남에게 충고 같은 거 안 해.

4 **He has no knowledge about it.**
   * knowledge 알고 있음, 지식

   그는 그것에 대해 전혀 아는 바가 없어.

5 **Beauty is only skin deep.**
   * skin deep 피부 깊이인

   미(美)는 추상적인 것일 뿐.

추상 명사는 눈에 보이지 않는 명사입니다. 당연히 셀 수 없지요. 문장이 아니라 단어로만 명사를 기억하면 내가 문장을 말하고 적을 때 절대 정확한 문장을 이용할 수 없습니다. 영어 문장은 우리가 만드는 게 아닙니다. 원어민이 쓰는 대로 사용하는 겁니다. 절대 오해, 또는 착각해서는 안 됩니다. 내가 단어를 알고 문법의 형식을 알고 있다 해서 영어 문장을 마구 만들어낼 수 있는 게 아닙니다. 외국인이 어떻게 모국인이 사용하는 문장을 만들 수 있겠습니까? 원어민이 사용하는 문장을 우리도 똑같이 기억해서 사용하는 겁니다. 단어가 아닌 문장을 기억하세요. 그래야 문장의 오류를 조금이라도 줄일 수 있습니다.

단위 명사

1 **I'd like a piece of cake.**　케익 한 조각 먹고 싶네.
  * a piece of ~ 한 조각

2 **I need a piece of advice.**　충고 한 마디 필요해.
  * a piece of ~ 한 마디

3 **I want another cup of tea.**　티 한 잔 더 부탁합니다.
  * another cup of ~한 잔 더

4 **I bought two pieces of furniture.**　나 가구 두 점 샀어.
  * a piece of furniture 가구 한 점

5 **He ate only a slice of bread.**　걔 겨우 빵 한 조각 먹었어.
  * a slice of bread 빵 한 조각

셀 수 있는 명사와 셀 수 없는 명사를 셀 때 단위명사가 필요합니다. cake는 셀 수 있는 명사입니다. 자르기 전의 케이크 전체를 a cake라고 하지요. 하지만 케이크 조각을 말할 때는 a cake, two cakes 등으로 쓸 수 없습니다. 그럴 때 a piece of cake를 사용하는 것입니다. '충고'는 advice이지만 '충고 한 마디'는 an advice 라고 하지 않습니다. advice는 셀 수 없는 명사입니다. 그래서 a piece of advice 라고 하지요. furniture도 셀 수 없습니다. '빵 한 덩어리'는 a bread라 하지 않고 a loaf of bread라고 하지요. 그 빵 한 덩어리를 잘라 놓은 조각을 a slice of bread라고 합니다.

연습문제

우리말에 해당되는 영어 문장을 적어 보세요.

1. 걔는 결백해.

2. 나 점심 건너 뛰었어.

3. 나 스트레스 정말 많이 받아.

4. 이거 보이스피싱이야.

5. 한 시간 후에 돌아올게.

영어를 한글로 해석해 보세요.

1. I take pictures.

2. My tires lost some air.

3. He never offers advice.

4. I'd like a piece of cake.

5. We need to keep in touch.

1. 명사

우리말에 맞게 영어 문장을 완성해 보세요.

1. 나 과일 먹었어.   I ate some _____ .

2. 경험에서 하는 말이야.   I'm speaking from _____ .

3. 그건 정말 영광이죠.   It is truly an _____ .

4. 예를 하나만 들어봐.   Give me an _____ .

5. 그건 여러 해 전에 있었던 일이야.   It happened _____ ago.

영어 문장에 맞는 한글 해석을 연결하세요.

1. I smell smoke.   ○   ● a. 내 말에 집중 해.

2. Pay attention to me.   ○   ● b. 담배냄새가 나네.

3. He ate only a slice of bread. ○   ● c. 걔 겨우 빵 한 조각 먹었어.

4. They want you back.   ○   ● d. 나 직장 다녀.

5. I go to work.   ○   ● e. 그들은 네가 다시 돌아오기를 원해.

[형용사의 역할과 의미]

1
보어 역할을 합니다.

2
서술 용법과 수식 용법 두 개의 용법을 갖습니다.

3
오직 명사만 수식합니다.

4
명사의 상태를 말합니다.

5
형용사에는 시제가 없습니다.

보어로 쓰이는 형용사

1 **It's fine**.
   * fine 좋은, 괜찮은

   아주 좋아.

2 **He fell asleep**.
   * asleep 잠이 든 fall asleep 잠들다

   걔 잠들었어.

3 **The book is helpful**.
   * helpful 도움이 되는

   그 책이 도움돼.

4 **Don't leave me alone**.
   * leave ~의 상태로 두다 alone 혼자인

   날 혼자 두지 마.

5 **You'll find him attractive**.
   * attractive 매력적인

   걔 매력적이란 걸
   너도 알게 될 거야.

보어에는 주격 보어와 목적격 보어가 있습니다. 형용사는 이 두 개의 보어로서 사용됩니다. 주격 보어일 때는 주어의 상태, 목적격 보어일 때는 목적어의 상태를 말하지요. 주격 보어일 때보다 목적격 보어로 쓰일 때 자칫 오역이 발생하지 않도록 신경 써야 합니다. leave me alone은 '내가 혼자인 상태로 두다'의 의미이며 find him attractive는 '그가 매력적인 상태라는 사실을 발견하다'의 의미입니다. alone과 attractive의 주체는 각각의 목적어인 me와 him입니다.

서술 용법의 형용사

1 **That doesn't seem fair.**   그건 정당한 것 같지 않은데.
   * seem ~인 것 같다 fair 정당한

2 **Something smells strange.**   무슨 이상한 냄새가 나네.
   * smell strange 이상한 냄새가 나다

3 **I'm not afraid.**   난 전혀 두렵지 않아.
   * afraid 무서운, 두려운

4 **I was blind to it.**   난 그 사실 몰랐어.
   * blind 못 보는, 눈치 채지 못하는

5 **My job is boring.**   내가 하는 일은 정말 지루해.
   * boring 지겨운, 지겹게 만드는

명사를 수식하지 않고 문장을 서술적으로 마무리하는 역할을 말합니다. '…은 ~이다'
로 끝나는 문장의 중심에 형용사의 서술적 용법이 존재하는 겁니다. fair, strange,
afraid, blind, boring 등이 문장의 끝에 위치하며 문장을 마무리하고 있습니다.
blind to it의 to it은 전치사(to)구라서 문장의 형식에는 전혀 영향을 미치지 못합니다.
따라서 blind로 문장이 끝난 것과 다를 바 없습니다. 이렇게 문장을 마무리하는 형용사를
서술적 용법으로 쓰였다 말합니다.

수식 용법의 형용사

1 **It's a simple question.**
  * simple 간단한 question 질문

  간단한 질문이에요.

2 **Take a brief nap.**
  * brief 짧은, 잠시 동안의 nap 잠깐 잠

  잠깐 눈 좀 붙여.

3 **He's a busy person.**
  * a busy person 바쁜 사람

  걔 바쁜 사람이야.

4 **She's a careful driver.**
  * careful 조심스러운, 신중한

  걔 운전 조심스럽게 잘해.

5 **How's your married life?**
  * married life 결혼생활

  결혼생활 어때?

명사를 수식할 수 있는 품사는 오직 형용사 뿐입니다. 형용사가 명사를 수식하는 위치는 명사의 바로 앞입니다. simple, brief, busy, careful, married 등이 각각의 명사 앞에서 그 명사들을 수식하고 있습니다. 육안은 물론 의미상으로도 형용사의 수식적 용법은 매우 쉽게 이해할 수 있습니다. 모든 형용사가 다 서술적 용법과 수식적 용법을 동시에 포함하지는 않습니다. 이것도 역시 형용사들을 구별해서 외우는 것보다는 문장학습을 통해서 자연스럽게 습득하는 것이 좋습니다.

짧은 음절 형용사의 비교급
(비교 대상이 없는 경우)

1 **You're earlier.**
* early 이른 earlier 더 이른

평소보다 일찍 왔네.

2 **The size is getting smaller.**
* get smaller 점점 작아지다

크기가 점점 작아지고 있어.

3 **It's getting hotter.**
* get hotter 더 뜨거워지다

이제 점점 뜨거워지고 있네.

4 **I'm feeling better.**
* feel better 기분이나 몸 상태가 좋아지다

(몸 상태나 기분)
좋아지고 있어.

5 **Things are getting worse.**
* things 상황 get worse 나빠지다

상황이 악화되고 있어.

주어의 상태를 형용사를 이용하여 설명할 때는 다른 것이나 다른 상태와의 비교를 통해서 그 의미를 강조할 필요가 있습니다. 그래서 등장한 것이 형용사의 비교급입니다. 그 중 '~보다 더 나은' 즉, 상대적으로 우등한 상태를 말할 때 '우등비교'라고 표현합니다. 우등비교에서는 2음절 이하의 짧은 음절 형용사가 규칙변화를 일으킬 경우에 형용사 뒤에 -er을 흔히 붙이게 됩니다. 보통 '평소의 상태'와 뭔가를 비교할 때는 비교 대상의 명시없이 형용사의 비교급만으로 문장을 마무리 짓습니다. early-earlier, small-smaller, hot-hotter, good-better, bad-worse 등이 형용사의 원형과 비교급입니다.

짧은 음절 형용사의 비교급
(비교 대상이 있는 경우)

1 **The bed is bigger than mine.**
　　* bigger than ~보다 더 큰

그 침대가 내 거보다 더 커.

2 **You've been here longer than me.**
　　* longer than ~보다 더 오래

네가 나보다 더 오래 여기에 있었잖아.

3 **She is prettier than me.**
　　* prettier than ~보다 더 예쁜 much 훨씬

걔가 나보다 더 예뻐.

4 **My biceps are a lot better than yours.**
　　* biceps 이두박근 better than ~보다 더 나은

내 이두박근이 네 거보다 훨씬 낮거든.

5 **This is stronger than that.**
　　* stronger than ~보다 더 강한

이게 그거보다는 더 튼튼한데.

우등비교 형용사의 비교 대상이 있을 때는 비교 대상 앞에 반드시 than을 이용해야 합니다. 비교급의 상징적인 어휘입니다. 비교급을 강조하고 싶을 때가 있습니다. 그럴 때는 much나 a lot을 사용합니다. 예를 들어, '훨씬 좋은'을 말할 때 much better 와 a lot better 둘 다 사용할 수 있습니다. 이 두 표현의 차이가 있다면 a lot을 much 보다는 더 격없이 사용할 수 있다는 겁니다. 다시 말해서, 글에서 표현하거나 점잖게 말할 때는 much를 사용하는 것이 좋다는 뜻이지요. 어휘와 표현들의 활용 환경에 대한 정확한 이해는 영어를 잘하게 되는 데 결정적인 역할을 합니다.

긴 음절 형용사의 비교급
(비교 대상이 없는 경우)

1 **This is more interesting**.
   * more interesting 더 흥미로운

   이게 더 흥미로운데.

2 **That is much more useful**.
   * more useful 더 유용한, 더 도움이 되는

   그게 훨씬 더 도움 돼.

3 **The problem looks more difficult**.
   * more difficult 더 어려운

   그 문제가 더 어려워 보이네.

4 **You look more beautiful**.
   * more beautiful 더 예쁜

   너 더 예뻐 보인다.

5 **These shoes are more comfortable**.
   * more comfortable 더 편안한

   이 신발이 더 편해.

2음절 이상 긴 음절 형용사의 경우에는 형용사의 변형 없이 형용사 앞에 more를 사용하여 우등비교를 표현합니다. 2음절 이하의 짧은 음절 형용사와 2음절 이상의 긴 음절 형용사에 걸리는 건 바로 2음절 형용사입니다. 같은 2음절이지만 어떤 것은 짧은 형용사에 분류되고 어떤 것은 긴 형용사에 분류되지요. 그 형용사들을 별도로 기억할 필요는 없습니다. 어차피 우리가 문장을 만드는 건 아니기 때문입니다. 원어민이 사용하는 그대로의 문장을 기억하고 활용하는 것이므로 문장을 접할 때마다 그 문장을 정확히 이해하고 기억하는 것이 영어학습의 가장 기초적이고 중요한 학습법입니다.

긴 음절 형용사의 비교급
(비교 대상이 있는 경우)

1 **She was more excited than her friends**.
   * excited 흥분한

   걔가 자기 친구들보다
   더 흥분했던데.

2 **He was more charming than usual**.
   * charming 멋진 than usual 평소보다 더

   걔 평소 보다
   더 멋있었어.

3 **She must be more scared than you are**.
   * scared 무서워하는 must ~임에 틀림 없다

   걔가 지금 너보다는
   더 무서울 거야.

4 **Our kids are more patient than before**.
   * patient 참을성 있는 than before 예전보다

   우리 애들 예전보다는
   참을성이 많아졌어.

5 **He's a lot more experienced than us**.
   * experienced 경험이 있는, 능숙한

   그가 우리보다 경험이
   훨씬 더 많아.

비교 대상이 있을 경우에는 형용사의 음절 수에 관계없이 비교 대상 앞에 than을
반드시 이용해야 합니다. 문장을 발음할 때는 than에 강세가 없습니다. 하지만 비교급
문장의 설계에 가장 중요한 역할을 하는 것이 than이므로 절대 소홀히 생각해서는 안
됩니다. excited, charming, scared, experienced 등은 모두 동사에서 파생된 분사형
형용사들입니다. 이렇게 파생된 형용사는 음절 수에 관계없이 형용사 앞에 more를
이용하고 형용사 형태에 변화는 일어나지 않습니다.

형용사의 동등 비교급

1 **The picture is as pretty as the one I took.**
　* as pretty as ~만큼 예쁜

그 사진 내가 찍은 사진만큼이나 예쁘네.

2 **Her voice is as clear as day.**
　* as clear as day 대낮처럼 밝은, 아주 선명한

그녀의 목소리는 아주 선명해.

3 **It's not as easy as you think.**
　* as easy as ~처럼 쉬운

그건 네가 생각하듯이 쉬운 일이 아니야.

4 **This is not as rare as that.**
　* rare 보기 힘든, 희귀한

이게 그것만큼 희귀하진 않아.

5 **She's cute as a button.**
　* cute as a button 아주 매력적이고 멋있는, 귀여운

그녀는 정말 매력 있어.

형용사를 중심에 두고 주어와 비교 대상을 같은 수준으로 비교할 때, 즉, '~만큼 …하다'의 의미를 전하게 될 때 이것을 비교 중에 '동등비교'라고 말합니다. 서로 차별이 없는 동등한 상태의 비교라는 것입니다. 그럴 때는 <as 형용사 as> 형태를 이용합니다. 때로는 앞에 나오는 as를 생략하기도 합니다. 사실, 뭔가를 비교할 때 는 그것이 너무 주관적이지 않고 객관적일 필요가 있습니다. 따라서 사실적이고 분명한 비교가 아니면 어설픈 비교는 하지 않는 것이 좋습니다. as clear as day나 cute as a button처럼 단순비교를 넘어서 숙어화 된 표현들도 많이 있습니다.

짧은 음절 형용사의 최상급

1 **It is his biggest weakness.**
  * biggest 최대의 weakness 약점

그게 그의 최대 약점이야.

2 **It is the coolest thing I've ever seen.**
  * the coolest 최고로 멋진 cool 멋진

이제껏 그렇게 멋진 걸 본 적이 없어.

3 **That was the scariest part of it.**
  * the scariest 가장 무서운 scary 무서운

그게 거기에서 가장 무서운 부분이었어.

4 **I'm in the worst mood.**
  * the worst 가장 나쁜 mood 기분

지금 기분 최악이야.

5 **Honesty is the best policy.**
  * the best 최선의 policy 방책, 정책

정직이 최선이야.

비교급을 넘어서 주어의 상태를 그 무엇과도 비교할 수 없는 최상으로 강조하고 싶을 때가 있습니다. 그럴 때 형용사의 최상급을 사용합니다. 2음절 이하의 짧은 음절 형용사의 최상급은 그것이 규칙변화를 일으킬 때 형용사 뒤에 -est를 붙이고 형용사 앞에는 반드시 the를 넣어야 합니다. the를 대신할 수 있는 것은 인칭대명사의 소유격 뿐입니다. 불규칙변화를 일으키는 형용사일지라도 최상급 앞에 the를 붙이는 데는 변함이 없습니다. big-the biggest, cool-the coolest, scary-the scariest, bad-the worst, good-the best 등이 형용사의 원형과 최상급입니다.

긴 음절 형용사의 최상급

1 **He's the most dangerous person here**.
   * dangerous 위험한

그가 여기에서
가장 위험한 사람이야.

2 **This would be the most secure way**.
   * secure 안전한, 확실한

이게 가장 안전한
방법일 겁니다.

3 **She's one of the most powerful women here**.
   * powerful 영향력 있는

그녀는 여기에서
가장 영향력 있는 여성이야.

4 **It is the most profitable magazine**.
   * profitable 수익성 있는, 이득이 되는

그게 가장 이익을
많이 남기는 잡지야.

5 **It's the most important thing I have**.
   * the most important 가장 중요한

이게 내가 가진 것 중에서
가장 중요한 물건이야.

2음절 이상 긴 음절 형용사의 최상급은 형용사 원형 앞에 the most를 붙입니다. 음절에 관계없이 최상급 앞에 the가 붙는다는 사실은 매우 중요한 부분입니다. 최상급을 이용하는 경우에 영어와 한국어에서 가장 큰 차이가 하나 있습니다. 우리는 무조건 '가장 뛰어나다'라고 해서 강조하는 것을 영어에서는 '가장 뛰어난 것들 중의 하나'로 표현할 때입니다. 물론 이론의 여지 없이 100% 확실한 최고를 말할 때는 우리와 똑같이 '가장 뛰어나다'라고 합니다. 하지만 조금이라도 이론이 생길 여지가 있다면 그들은 '~중의 하나'로 표현합니다. 조심성이 많다고 할까…소심하다고 할까…언어습관에는 그런 차이가 있습니다.

현재분사의 형태

1 **They're coming back now.**
   * coming back 돌아오는 중인

   걔들 지금 돌아오는 중이야.

2 **What's going on?**
   * going on 진행되고 있는

   일이 지금 어떻게 돌아가고 있는 거야?

3 **My nose is bleeding.**
   * bleeding 피가 나고 있는

   코에서 피나.

4 **He's having an affair.**
   * having an affair 바람을 피우고 있는

   걔 요즘 바람 피워.

5 **I'm going crazy.**
   * going crazy 미치고 있는

   내가 미치겠다, 정말.

현재분사는 이미 〈영어의 형식〉 파트에서 다루었지만 워낙 중요하기 때문에 〈품사〉 파트에서도 다시 한번 다룹니다. 현재분사의 생성 이유는 형용사에 현재진행 시제를 주기 위함입니다. 그 형태는 동사 원형의 말미에 -ing를 붙이는 것이죠. 이것을 우리는 늘 현재진행으로만 말해왔습니다. 그래서 현재진행과 현재분사를 다른 것으로 착각하는데, 그렇지 않습니다. 현재진행과 현재분사는 같은 말입니다. 단지 현재진행은 시제만을 강조한 말이라면 현재분사는 동사에서 파생된 진행형 형용사임을 강조한 말입니다.

현재분사의 역할

1 **I've been looking all over for you.**
   * looking for ~을 찾고 있는 all over 곳곳에

   너를 내가 얼마나 찾아다녔는데.

2 **The plan is going really well.**
   * going well 잘 진행되고 있는

   그 계획은 지금 아주 잘 진행되고 있어.

3 **He's gathering the evidence.**
   * gathering the evidence 증거를 모으고 있는

   그가 지금 그 증거를 모으고 있는 중이야.

4 **They're migrating birds.**
   * migrating birds 계절에 따라 이동하는 새들

   저 새들은 철새들이야.

5 **Have you seen flying saucers?**
   * flying saucer 비행접시

   너 비행접시 본 적 있어?

품사는 형용사이기 때문에 현재분사는 주격 보어로 쓰이며 이 때 서술적으로 활용됩니다. 현재분사의 뒤에 걸려 있는 어휘들은 현재분사와 함께 묶여서 '주격 보어구'라는 단어로 설명됩니다. '구'는 '절'은 아니면서 두 개 이상의 단어가 연결되어 하나의 의미를 만드는 경우를 의미합니다. 예를 들어 He's gathering the evidence.에서 현재분사 gathering이 이끄는 gathering the evidence는 '보어구'라고 명명된다는 것입니다. 현재분사는 형용사이기 때문에 또한 수식 용법에서도 활용됩니다. migrating birds와 flying saucers에서 현재분사는 각각 birds와 saucers를 수식하고 있습니다.

과거분사의 형태

1 **I was shocked.**
* shocked 이미 충격 받은 상태인
나 충격 받았어.

2 **I felt betrayed.**
* betrayed 이미 배신을 당한 상태인
배신감을 느꼈죠.

3 **She's annoyed.**
* annoyed 이미 짜증난 상태인
걔 짜증났어.

4 **I'm not disappointed.**
* disappointed 이미 실망한 상태인
나 실망하지 않았어.

5 **He's called John.**
* called 이미 ~라고 불리는 상태인
그는 존이라고 불려.

분사라는 단어가 꽤 어렵게 들립니다. 하지만 어려울 것 전혀 없습니다. 시제를 담은 형용사라고 이해하면 됩니다. 그 중 과거분사는 형용사이면서 과거시제를 담고 있습니다. I'm disappointed.를 볼까요? 이 문장의 시제는 분명히 현재(am)입니다. 하지만 보어로 쓰이고 있는 과거분사 disappointed에는 의미상 과거시제가 담겨 있습니다. '이미 실망한 상태인'이지요. 결국 I'm disappointed.는 "난 지금 이미 실망한 상태야."로 해석하는 것이 가장 정확합니다. Call me John.은 "나를 존이라고 불러줘."이고 I'm called John.은 "나는 존이라고 불려."로 해석합니다.

과거분사의 역할

1 **I'm concerned about it.**   나는 그게 걱정돼.
  * concerned 이미 염려하고 있는 상태인

2 **She seemed perplexed.**   그녀는 당혹스러워 하는 것
  * perplexed 이미 당혹스러운 상태인   같았어.

3 **He looks depressed.**   걔 보기엔 우울증 같은데.
  * depressed 이미 우울증에 걸린 상태인

4 **You'd better buy a**   중고차 사는 게 좋아.
  used car.
  * used 이미 사용된 상태인

5 **It's an abandoned dog.**   그건 유기견이야.
  * abandoned 이미 버려진 상태인

과거분사는 형용사이므로 일반 형용사의 역할을 똑같이 수행합니다. 서술적 용법과 수식적 용법에 모두 사용되지요. 과거분사는 수동태에 사용됩니다. 수동태는 〈be 동사 +과거분사〉의 형태를 갖고 있으며 주어가 놓여 있는 상태를 말할 때 사용합니다. 수동태를 '주어가 당하는 것'이라고 말하면 절대 안 됩니다. '주어가 외부 여건에 의해서 현재나 과거에 놓인 상태'라고 말해야 합니다. 절대 당한 게 아닙니다. 과거분사는 명사를 수식합니다. 이때 과거분사는 수동적 의미로 흔히 해석됩니다. used car는 '이미 사용된 상태의 차'가 되어 '중고차'이고 abandoned dog은 '이미 버려진 상태의 개'가 되어 유기견입니다.

2. 형용사

우리말에 해당되는 영어 문장을 적어 보세요.

1. 걔 잠들었어.   //

2. 난 그 사실 몰랐어.   //

3. 잠깐 눈 좀 붙여.   //

4. 상황이 악화되고 있어.   //

5. 걔가 나보다 더 예뻐.   //

영어를 한글로 해석해 보세요.

1. You look more beautiful.   //

2. He's a lot more experienced than us.   //

3. Her voice is as clear as day.   //

4. I'm in the worst mood.   //

5. It is the most profitable magazine.   //

우리말에 맞게 영어 문장을 완성해 보세요.

1. 코에서 피나.   //   My nose is _____ .

2. 저 새들은 철새들이야.   //   They're _____ birds.

3. 배신감을 느꼈죠.   //   I felt _____ .

4. 걔 보기엔 우울증 같은데. //   He looks _____ .

5. 날 혼자 두지 마.   //   Don't leave me _____ .

영어 문장에 맞는 한글 해석을 연결하세요.

1. I'm not afraid.   ○   ● a. 이게 그것만큼 희귀하진 않아.

2. She's a careful driver.   ○   ● b. 그가 지금 그 증거를 모으고 있는 중이야.

3. You're earlier.   ○   ● c. 난 전혀 두렵지 않아.

4. This is not as rare as that. ○   ● d. 걔 운전 조심스럽게 잘해.

5. He's gathering the evidence. ○   ● e. 평소보다 일찍 왔네.

3
동사

[동사의 역할과 의미]

1
시제를 담고 있습니다.

2
시제는 현재와 과거 두 개 뿐입니다.

3
주어의 상태나 움직임을 나타냅니다.

시제: 현재

1 **I drive to work.**
   * drive to ~에 늘 차 가지고 다니다

   나 회사에 차 가지고 다녀.

2 **I walk my dog every morning.**
   * walk a dog 개를 늘 산책 시키다

   나 매일 아침 강아지 산책 시켜.

3 **He comes home at six.**
   * come home 늘 집에 오다

   그는 늘 6시에 귀가해.

4 **Do you speak English?**
   * speak English 평소에 영어로 말하다

   너 영어 하니?

5 **I don't wear makeup.**
   * wear makeup 평소에 화장하다

   나 평소에 화장 안 해.

현재시제는 항상 버릇처럼 일어나는 일을 말할 때 사용합니다. 그래서 직업, 습관 등에 주로 사용되지요. 능력을 말하기도 합니다. 현재시제를 현재진행과 혼동해서는 안됩니다. 현재진행은 현재의 한 순간만을 의미하지만 현재시제는 과거, 현재, 미래에 늘 일정하게 일어나는 일을 말할 때 사용하는 것입니다. Do you speak English? 는 '평소에 영어로 말하는 능력'을 묻는 것이고 Can you speak English? 는 조동사 can 이 갖는 '가능성'과 '능력'을 동시에 더해서 "혹시 영어 할 줄 아세요?"의 뜻으로 묻는 것입니다. 구별해서 잘 활용할 줄 알아야 됩니다.

시제: 과거

1 **I wrote back instantly.** 바로 답장 써서 보냈어.
  * write back 답장을 쓰다 instantly 즉시 (write-wrote)

2 **I texted him.** 걔한테 문자 보냈어.
  * text ~에게 문자 보내다 (text-texted)

3 **I grabbed some milk.** 나 우유 좀 마셨어.
  * grab milk 우유를 마시다 (grab-grabbed)

4 **I hid it under the table.** 그거 테이블 아래에 숨겨놨어.
  * hide ~을 숨기다 (hide-hid)

5 **What happened to your head?** 너 머리 왜 그래?
  * happen 일이 생기다 (happen-happened)

동사에는 현재와 과거 딱 두 개의 시제만 존재하지요. 동사의 과거는 말 그대로 현재와는 완전 무관하게 과거에 일어난 일만을 말합니다. 동사의 과거형은 규칙변화와 불규칙변화가 있습니다. 규칙변화를 일으키는 동사들의 끝에는 -ed를 붙이면 그만이지만 불규칙변화를 일으키는 동사들의 경우에는 그것들을 하나하나 기억해둘 수밖에 없지요. 물론 불규칙변화 동사만을 따로 모아서 외울 필요는 전혀 없습니다. 그것들이 문장에 쓰일 때마다 문장의 의미를 정확히 이해하고 그 문장을 기억하는 방법이 가장 효율적입니다.

시제 : 미래 (will)

1 **I'll send a car**. 차 보내겠습니다.
  * send a car 차를 보내다

2 **I'll be right there**. 금방 갈게.
  * be there 거기에 가다 right 바로

3 **It'll be fun**. 그거 재미있을 거야.
  * fun 재미있는

4 **It'll get easier**. 점점 쉬워질 거야.
  * get easier 쉬워지다

5 **You'll get promoted**. 너 승진될 거야.
  * get promoted 승진되다

동사 자체에는 미래형이 없습니다. 그래서 미래를 의미하는 조동사 will의 도움을 받아서 미래를 나타냅니다. 조동사 will이 갖는 중심 의미는 '확실성'입니다. 미래에 어떤 일이 일어날 확실성을 말하는 것이지요. 그 중에 주어가 1인칭 I일 때는 매우 주관적이고 순간적인 확실성을 갖습니다. 그래서 흔히 주어의 강한 의지의 표현이라고 말하지요. 하지만 그 의지는 순간적이기 때문에 미래에 바뀔 가능성 또한 열어놓고 이해해야 합니다. will이 100% 확실한 미래를 말할 때도 있습니다. 가만히 있어도 저절로 그렇게 될 일을 말할 때 그렇습니다. 나머지의 경우에는 아무리 확실성이 높다 해도 어느 정도의 불확실성은 포함하고 있는 것이 will의 특성입니다.

시제 : 미래 (be going to)

1 **What are you going to study?**
   * study ~을 공부하다. ~을 전공하다

   너는 뭘 공부할 거야?

2 **I'm going to take care of it.**
   * take care of ~을 돌보다[신경 쓰다]

   그 일은 내가 신경 써서 처리할게.

3 **I'm gonna ask you something.**
   * ask you something 네게 뭔가 묻다

   질문을 좀 드려야겠습니다.

4 **Everything's going to work out.**
   * work out 잘 해결되다, 잘 풀리다

   모든 일이 다 잘 해결될 겁니다.

5 **It's going to sound crazy.**
   * sound crazy 미친 소리로 들리다

   내 말이 미친 소리처럼 들릴 거야.

will과 비교해서 확실성이 더 높은 미래입니다. to 부정사에는 '미래'의 의미가 포함되어 있습니다. 그리고 몸은 여기에 있지만 마음이 이미 앞서서 가고 있는 중임(be going)을 나타내는 표현이 바로 be going to이기 때문에 확실성에서 will보다 앞선다는 것이지요. 주어가 I일 때는 역시 '의지미래'가 됩니다. 하지만 즉흥적인 의지미래가 아니라 진작부터 생각해왔던 의지미래입니다. will과 be going to는 서로 바꿔 쓸 수 있는 게 아닙니다. 세상에 똑 같은 것은 단 하나도 없습니다. 다 나름대로의 특징과 의미가 있으므로 그것들을 정확히 이해하고 적재적소에 사용할 수 있도록 준비해야 합니다.

시제: 현재진행

1 **I'm working out**. 난 지금 운동 중이야.
　* be working out 운동하고 있는 중이다

2 **I'm coming**. 지금 가는 중이야.
　* be coming 가고 있는 중이다

3 **Are you listening**. 너 지금 내 말 듣고 있는 거야?
　* be listening 열심히 듣고 있다.

4 **What are you working on?** 지금 무슨 작업해?
　* be working on ~을 작업하는 중이다

5 **She's talking on the phone**. 걔 지금 통화 중이야.
　* be talking on the phone 통화 중이다

현재와 현재진행의 차이는 이미 설명 드렸습니다. 지금 현재 진행 중인 동작에 초점을 맞출 때 현재진행을 씁니다. 생각보다 쉽지 않습니다. 영어 문장은 우리가 만드는 게 아니라 원어민들이 말하는 대로 따라서 해야 되는 것이기 때문에 쉽지 않다는 겁니다. 말에는 일관성이 있어야 됩니다. 흐름이 있어야 됩니다. 문장과 문장의 의미가 동떨어져서 무슨 말을 하고 있는지 아무도 모르는 상황이 되어서는 안 됩니다. 그렇기 때문에 문장 하나하나의 정확도에 최선을 다해서 익숙해져야 합니다. 정확히 이해하고, 정확히 발음하고, 정확히 사용하게 되면 영어가 주는 스트레스에서 벗어나게 됩니다.

시제 : 과거진행

1 **I was talking to my client.**
    * talk to ～와 대화하다 client 고객

고객과 대화 중이었어.

2 **I was having lunch.**
    * have lunch 점심을 먹다

나 점심 먹는 중이었어.

3 **We were discussing it.**
    * discuss ～을 논의[토의]하다

우린 그 문제를 논의 중이었어.

4 **What were you looking for?**
    * look for ～을 찾다

뭘 찾고 있었던 거야?

5 **They were arguing.**
    * argue 언쟁하다

그들은 말다툼하고 있었어.

현재진행에서 be 동사를 과거로만 바꾸면 과거진행이 됩니다. 형태적으로는 그렇습니다. 하지만 대화에서 과거진행을 정확히 사용하기는 매우 어렵습니다. 과거진행이 쓰인 문장을 될수록 많이 접하고 기억하는 게 좋습니다. 우리 대화의 중심은 현재보다는 과거와 미래에 집중되어 있습니다. 그 중에 과거가 화제의 중심이 되는 경우가 매우 흔하지요. 과거가 중심이 되면 당연히 과거진행은 빈번하게 등장할 수밖에 없습니다. 과거진행을 써야 할 때 현재를 무심코 사용하거나 현재진행을 사용하게 되면 순간순간 대화의 맥이 끊기게 됩니다. 대화의 정확도, 시제의 일치가 좌우할 수 있습니다.

사역동사 make

1 **What makes you say that?**
   * make you say that 그 말을 하게 하다

   네가 그 말을 하는 이유가 뭐야?

2 **Make him apologize.**
   * apologize 사과하다

   걔가 사과하게 해.

3 **Make him stay home.**
   * stay home 집에 머물다

   그냥 집에 있으라고 해.

4 **He makes me feel good.**
   * feel good 기분이 좋다

   그 사람을 보면 기분이 좋아져.

5 **She makes me hope.**
   * hope 희망하다

   그녀와 얘기하면 왠지 희망이 생겨.

사역동사는 무조건 '강요'가 아닙니다. 사역이란 스스로 알아서 어떤 행동을 하는 게 아니라 어떤 행동을 하도록 유도하는 것을 뜻하지요. 그게 강요에만 국한되어 있지는 않다는 겁니다. '허락', '명령', '설득', '부탁' 등이 모두 '사역'에 포함되지요. 사역동사의 가장 큰 특징은 어떤 행동을 유도할 때 그 행동을 '지금 당장' 하도록 유도한다는 것입니다. 그래서 목적 보어에 동사원형을 쓰게 되어 있습니다. 사역동사 중에 '강요성'이 가장 큰 사역동사는 make입니다. 그렇다고 make에 단순 강요만 있는 건 아닙니다. '어떤 상태가 되게끔 강하게 유도하다'의 의미로도 흔히 사용됩니다.

사역동사 let

1 **Don't let it hurt you.**   그런 일로 상처받지 마.
  * hurt ~에게 상처를 주다

2 **Don't let it happen again.**   다시는 그런 일 없도록 해.
  * let it happen 그런 일이 생기게 하다

3 **Let her know right away.**   즉시 그녀에게 알려.
  * right away 즉시

4 **Let him go.**   걔 그냥 내보내.
  * let somebody go ~을 해고하다

5 **Let it be.**   그냥 세상 돌아가는
  * be 존재하다   순리대로 놔둬.

사역동사 let는 '~을 허락하다', '~을 하도록 그냥 내버려두다' 등의 의미를 전합니다. 허락의 사역동사인 겁니다. 물론 목적 보어로 동사원형을 쓰기 때문에 '뭔가를 당장 허락하다'의 의미를 전하게 되지요. <let + 대명사 + 동사원형> 패턴은 사실 활용도가 대단히 높습니다. 대화에서 아주 활발한 역할을 하지요. 이 패턴이 나올 때마다 확실하게 문장을 기억해 두는 것이 좋습니다. Let her talk.는 "그녀가 얘기하게 내버려 둬."이고 Don't let it disappoint you.는 "그런 일로 실망하지 마."의 의미를 전합니다. Don't let anybody hurt you.는 "누가 무슨 말을 해도 상처 받지 마."가 올바른 해석입니다.

사역동사 have

1 **Have him tidy up his room.**
* tidy up 당장 ~을 깨끗이 정리하다

걔 방 좀 깨끗이 정리하라고 해.

2 **I'll have her help you.**
* have her help 당장 그녀에게 ~을 돕도록 시키다

그녀에게 도와드리라고 할게요.

3 **Can you have him deal with this?**
* deal with 당장 ~을 처리하다

그에게 이 일을 처리해달라고 해줄 수 있겠어?

4 **Please have her call me.**
* call me 당장 내게 전화하다

걔 나한테 전화 좀 하라 해.

5 **Have her come to my office.**
* come to my office 당장 내 사무실로 오다

걔 내 방으로 좀 보내.

사역동사들 중에 가장 익숙하지 않은 동사가 바로 have입니다. '설득'과 '명령'의 의미를 담고 있지요. '설득해서 그렇게 하라고 해라'의 느낌입니다. 이렇게 사역동사는 각자 나름대로의 명확한 의미를 가지고 있습니다. 그런 의미를 잘 이해하고 적절하게 사용하는 것이 우리가 해야 할 일입니다. 무턱대고 아무 사역동사나 사용하면 내 의도와는 전혀 다른 의사전달이 이루어지기 때문에 원활한 대화에는 한계가 있지요. 문장의 정확한 이해, 그리고 그 문장의 기억, 반드시 지켜야 합니다.

준사역동사 help

1 **Help me do this.**
   * do this 당장 이것을 하다

   나 이것 좀 도와줘.

2 **I helped her finish the paper.**
   * finish the paper 당장 과제물을 마치다

   걔 과제물 끝내는 거 내가 도와줬어.

3 **It will help you stay competitive.**
   * stay competitive 당장 경쟁력을 유지하다

   그게 네가 경쟁력을 유지하는 데 도움 될 거야.

4 **He helped me understand that.**
   * understand that 그것을 당장 이해하다

   걔 도움으로 그걸 이해했어.

5 **She helped me make that decision.**
   * make that decision 당장 그 결정을 내리다

   그 결정을 내리는 데 그녀가 도와줬어.

사역동사로 인식되기 힘든 동사입니다. 처음부터 사역동사로 사용되었던 게 아니지요. 원래는 목적 보어로 to 부정사를 받습니다. 도와준다는 것은 '앞으로의 일'을 도와 주는 것이기 때문이지요. 하지만 '지금 당장의 도움'을 말할 때가 있습니다. 그럴 때 to를 생략하고 동사원형을 쓰게 됩니다. 온전한 사역동사가 아닌 필요에 의한 사역 동사인 셈이지요. 그래서 준사역동사라고 이름 붙입니다. 그 활용에 익숙해질 수 있도록 많은 문장을 접하는 게 중요합니다.

연습문제

우리말에 해당되는 영어 문장을 적어 보세요.

1. 너 영어 하니?

2. 걔한테 문자 보냈어.

3. 점점 쉬워질 거야.

4. 그 일은 내가 처리할게.

5. 지금 가는 중이야.

영어를 한글로 해석해 보세요.

1. I was having lunch.

2. What makes you say that?

3. Let her know right away.

4. Please have her call me.

5. It will help you stay competitive.

3.동사

우리말에 맞게 영어 문장을 완성해 보세요.

1. 나 회사에 차 가지고 다녀.　　　　　I _____ to work.

2. 나 우유 좀 마셨어.　　　　　　　　I _____ some milk.

3. 금방 갈게.　　　　　　　　　　　I'll _____ right there.

4. 모든 일이 다 잘 해결될 겁니다.　　Everything's going to _____ out.

5. 지금 내 말 듣고 있는 거야?　　　　Are you _____?

영어 문장에 맞는 한글 해석을 연결하세요.

1. They were arguing.　　○　　　　　● a. 그들은 말다툼하고 있었어.

2. Make him stay home.　○　　　　　● b. 그런 일로 상처받지 마.

3. Don't let it hurt you.　○　　　　　● c. 그냥 집에 있으라고 해.

4. I'll have her help you.　○　　　　　● d. 나 이것 좀 도와줘.

5. Help me do this.　　　○　　　　　● e. 그녀에게 도와드리라고 할게요.

114

[조동사의 역할과 의미]

1
일반동사의 바로 앞에서 **의미의 방향**을 정해줍니다.

2
뒤에는 **반드시 동사원형**이 옵니다.

3
의미 이해가 매우 정확히 이루어져야 합니다.
그렇지 않으면
문장의 의미 전달에 상당한 오해가 발생할 수 있습니다.

must(1)

1 **You must believe in him.** 그를 믿어야 돼.
  * believe in ~을 믿다, 신뢰하다

2 **You mustn't say a word of it.** 넌 그것에 대해 한 마디도 해선 안돼.
  * say a word of it 그것에 대해 한 마디 하다

3 **What must I do?** 내가 뭘 해야 되는 거야?
  * must do ~을 해야 하다

4 **We must leave this place at once.** 우리 즉시 이곳을 떠나야 돼.
  * leave this place 이곳을 떠나다 at once 즉시

5 **You must admit it.** 너 그 사실을 인정해야 돼.
  * admit it 그 사실을 인정하다

must가 의무, 규칙, 명령 등의 의미를 전하는 경우입니다. '반드시 ~을 하다'의 의미이지요. 그렇게 하지 않으면 그에 상당한 벌칙이나 대가를 치르게 된다는 의미를 포함합니다. 워낙 강력한 메시지를 전하기 때문에 남에게 must를 사용할 때는 신중해야 합니다. 나는 무심코 말했는데 상대가 오해해서 몹시 두려워하는 상황이 발생할 수 있기 때문입니다. 따라서, 사용하는 사람의 입장에서 강한 책임을 수반하는 조동사입니다. must는 구어체보다는 문어체에서 즐겨 사용됩니다.

must ⑵

1 **That must be hard.** 그건 분명 감당하기 힘들 거야.
  * hard 힘든

2 **You must be Joel.** 조엘이시지요.
  * must be ~임에 틀림 없다

3 **You must be pretty insane.** 너 진짜 완전히 미쳤구나.
  * pretty insane 완전히 미친

4 **You must be tired.** 피곤하겠네.
  * be tired 피곤하다

5 **He must know something.** 걔가 분명히 뭔가 알고 있을 거야.
  * know something 뭔가 알다

must가 '강한 추측'의 의미로 사용되는 경우입니다. '~임에 틀림 없다'는 뜻이지요. 내가 하는 추측이고 추측의 정도가 매우 높기 때문에 must가 전하는 느낌은 아주 강합니다. 따라서 섣불리 사용하기에는 부담이 되지요. 확실한 근거가 없다면 사용을 꺼려야만 되는 조동사입니다. '말'이 항상 객관성을 띨 수는 없습니다. 주관적인 느낌이 상대적으로 강한 게 바로 '말'이지요. 하지만 주관적인 생각의 '말'이 상대에게 상처를 주는 것은 좋지 않습니다. 조동사 must의 활용이 상대에게 상처를 주지 않도록 조심해서 사용해야 합니다.

117

must have + 과거분사

1 **I must have left it at home**.
* leave it at home 그것을 집에 두고 오다

내가 분명히 그거 집에 두고 왔을 거야.

2 **He must have listened to the tape**.
* listen to the tape 테이프 내용을 듣다

걔 분명히 테이프 내용 들었을 거야.

3 **He must have been in a hurry**.
* in a hurry 급한 상태인

뭔가 좀 급했나 보네.

4 **It must have been so much work**.
* so much work 아주 많은 일

손이 정말 많이 가는 일이었을 텐데.

5 **She must have taught you well**.
* teach you well 너를 잘 가르치다

그녀가 너를 참 잘 가르쳤구나.

과거의 사실을 강하게 추측할 때 사용하는 표현입니다. 즉, '~이었음에 틀림 없어'의 의미를 전합니다. 〈must + 현재완료〉라고 말할 수도 있습니다. 현재완료는 '과거의 사실이 현재까지 유효함'을 뜻합니다. 과거가 기준이지요. 따라서 〈must + 과거사실〉이 되어 '과거 사실에 대한 강한 추측'이라고 말하는 것입니다. so much work는 '많은 일'입니다. 뭔가를 처리하는 데 필요한 일이 많다는 의미이고 결국 손이 많이 간다는 뜻이지요.

can (1)

1 **We can get started.** 이제 시작하면 되겠어요.
   * get started 시작하다

2 **Can you hear me?** 내 말 들려?
   * hear me 내 말을 듣다

3 **I can handle it.** 그 일은 내가 처리할 수 있어.
   * handle it 그 일을 처리하다

4 **What can he do?** 걔가 뭘 할 수 있는데?
   * can do 할 수 있는 능력이 있다

5 **You can't drive.** 너 지금 운전할 수 있는 상태가
   * can't drive 운전할 수 없다   아니야. (아프거나 음주 상태)

가능성과 능력을 의미하는 조동사 can입니다. 능력이 있기 때문에 그렇게 할 가능성이 생기는 겁니다. 능력과 가능성을 별개로 놓지 않고 함께 묶어서 기억하는 편이 훨씬 좋습니다. 사실 그게 능력이냐 가능성이냐를 따지는 건 정말 무의미합니다. 정확한 해석만 필요할 뿐입니다. "너 운전하면 안돼."를 You can't drive.로 할 것이냐 You mustn't drive.로 할 것이냐는 두 사람의 대화를 생각하면 확실합니다. A: You can't drive. B: Yes, I can.(할 수 있어.) 아주 자연스럽습니다. A: You mustn't drive. B: Yes, I must.(해야 돼.) 이건 말이 안되지요. 음주 상태이니 운전하면 안된다는데 자기는 반드시 해야 된다네요. 대답이 어울리지 않습니다. You can't drive.가 자연스럽고 적절합니다.

119

can ⑵

1 **Can I help you with something?**   뭘 좀 도와드릴까요?
  * help with ~을 도와주다

2 **Can I speak to Jane?**   제인 좀 바꿔 주시겠습니까?
  * speak to ~와 대화하다

3 **Can I help you?**   도와줄까?
  * help you 당신을 돕다

4 **Can I ask you something?**   뭘 좀 질문해도 돼요?
  * ask you something 뭔가를 묻다

5 **You can tell me the truth.**   나한테 사실대로 말하면 돼.
  * tell me the truth 사실대로 말하다

상대방에게 허락을 구할 때, 또는 상대방의 행위를 허락할 때 사용하는 조동사 can입니다. Can I ~? 패턴을 이용하면 '제가 ~을 해도 괜찮을까요?'의 허락을 구하는 의미가 되고 You can~ 패턴을 이용하면 '당신~해도 좋다'는 허락하는 의미가 됩니다. help you with ~는 '네가 ~하는 것을 도와주다'의 의미입니다. 전치사 with의 활용에 주의하세요. '진실을 말하다'는 tell the truth로 정해져 있습니다.

Can you ~?

1 Can you hold on just a second?
잠깐만 기다려주시겠어요?
* hold on 기다리다 just a second 잠깐

2 Can you close the door, please?
문 좀 닫아줄래?
* close the door 문을 닫다

3 Can you just stay right here?
넌 그냥 여기 있을래?
* stay right here 바로 여기에 머물다

4 Can you give us a minute?
잠깐만 시간 주시겠어요?
* give a minute 잠깐 시간을 주다

5 Can you take me there?
나를 거기에 데려갈 수 있겠어?
* take me there 나를 거기에 데려 가다

상대방에게 뭔가를 부탁할 때 사용하는 조동사 can의 용법입니다. 가능성을 기반으로 부탁하는 것이지요. 이렇듯 중심개념의 테두리 안에서 모든 파생 의미들이 존재하게 됩니다. 결국 중심개념의 이해가 절대적이라는 겁니다. 동사구인 hold on은 '어떤 행위를 잠깐 멈추다'의 의미입니다. 동사 stay는 어떤 자리에, 또는 어떤 상태에 머물러 있다는 의미를 갖습니다. 활용도가 대단히 높은 어휘입니다. 동사 take는 '누구를 어느 장소로 데리고 가다'의 뜻으로 쓰이고 있습니다. '장소 이동'의 개념이 take에 포함되어 있습니다.

should

1 **He should know.**　　　그 사람이 알아야 돼.
　　* know 알다

2 **It should be done**　　이 일은 내일까지 끝나야 돼.
　　by tomorrow.
　　* be done 끝나다

3 **You should be back**　너 한 시간 후에 돌아와야 돼.
　　in an hour.
　　* be back 돌아오다 in an hour 한 시간 후에

4 **What should I do?**　　내가 뭘 해야 되는 거야?
　　* should do 당연히 해야 하다

5 **I should rest now.**　　나 지금 휴식을 취해야 돼.
　　* rest 쉬다, 휴식을 취하다

어떤 일이 옳아서 누군가에게 권유한다는 느낌의 조동사입니다. 그렇게 권유할 때는 상대가 그렇게 해줄 것이라는 '기대감'이 담겨 있지요. 따라서 should는 '권유'와 '기대'의 의미를 포함합니다. 그 권유와 기대는 남에게만 향하는 것이 아니라 자기 자신에게 보내는 권유와 기대일 수도 있습니다. 그래서 I should rest now. 라는 말이 가능한 것입니다. "지금의 내 상황에서는 휴식을 취하는 것이 옳다."는 겁니다. "그래서 스스로 휴식을 취하기를 기대한다."는 느낌까지 포함하지요. 이것을 한 번에 "나 지금 휴식을 취해야 돼."로 해석하게 됩니다.

should have + 과거분사

1 **You should have said no.** 안된다고 말을 했어야지.
   * say no 안된다고 말하다, 허락하지 않다

2 **I should have done something sooner.** 뭔가 좀 더 신속하게 처리했어야 했는데.
   * do something sooner 뭔가 더 빨리 하다

3 **I should have told you that.** 진작에 너한테 그 얘기를 해줬어야 했는데.
   * tell you that 너에게 그 얘기를 해주다

4 **He should have kept walking.** 걔는 계속 걸었어야 했어.
   * keep walking 계속 걷다

5 **You should have discussed this.** 이 문제를 토의했어야 했어.
   * discuss this 이 문제를 상의하다

〈should + 현재완료〉 구문입니다. 현재완료는 과거중심이라 했습니다. 따라서 과거의 사실을 떠올리며 권유한다는 의미가 되지요. '~했으면 좋았을 걸'이라고 해석되는 이유입니다. 단어와 문법의 의미는 무작정 외우는 게 아니라 이해한 후에 문장으로 기억하는 겁니다. 암기는 이해의 바탕 위에 이루어져야 된다는 말씀이지요. 동사 discuss는 타동사입니다. 뒤에 목적어를 바로 받습니다. discuss about something의 형태는 존재하지 않습니다.

would

1 **It would take me months.** 　　내가 하면 몇 개월은 걸릴 거야.

　　* take me months 내가 몇 개월 걸리다

2 **Now would be good.** 　지금이 좋겠어.

　　* be good 좋다

3 **I think a walk would be good.** 　그냥 걸어가는 게 낫겠어.

　　* a walk 걷기

4 **It would be faster.** 　그게 더 빠르겠는 걸.

　　* be faster 더 빠르다

5 **That would be great.** 　그게 아주 좋겠어.

　　* be great 대단하다, 아주 좋다

조동사 would는 미래 조동사 will의 과거형입니다. 그래서 과거의 일이나 경험을 근거로 미래의 일을 추측, 또는 높은 가능성을 갖고 말할 때 would를 사용합니다. 정갈하고 정확한 해석을 요하는 조동사이지요. Now would be good. 이라고 하면 "그동안의 경험으로 봤을 때 일을 성공시키기에는 지금의 상황이 아주 적절하다."는 속뜻을 갖습니다. 그래서 "지금이 좋겠어."로 간단히 해석되는 것입니다. It would be faster. 역시 마찬가지죠. "과거의 경험을 비추어 볼 때 그렇게 일 처리 하는 것이 상대적으로 더 빠르겠어."의 느낌을 포함합니다.

Would you ~?

1 **Would you join us?** 합석하실래요?
   * join us 우리와 합류하다

2 **Would you do that?** 그걸 하시겠어요?
   * do that 그것을 하다

3 **Would you agree?** 동의 하시나요?
   * agree 동의하다

4 **Would you like to explain this to me?** 이걸 저한테 설명해 주시겠어요?
   * explain to me 내게 설명하다

5 **Would you like some coffee?** 커피 좀 드시겠습니까?
   * like coffee 커피를 좋아하다

정중한 부탁, 또는 정중한 의사 타진을 할 때 사용하는 조동사 would 패턴입니다. would는 무턱대고 미래를 말하지 않습니다. 정확한 과거의 경험과 근거를 토대로 말하는 것입니다. 따라서 would를 사용하면 상대에게 신뢰감을 줍니다. Would you ~? 질문은 상대의 성급한 대답을 원치 않습니다. 상대의 경험을 인정하며 그 경험을 토대한 진지하고 적절한 대답을 원합니다. 순간적으로 대답하지 않아도 좋다는 겁니다. 설령 바로 대답을 할 수밖에 없는 상황이라 해도 그 짧은 순간에 상대를 배려하는 마음씨가 배어 있는 질문입니다. 그래서 would를 사용하면 정중하고 예의 있는 말이 되는 겁니다.

may

1 **You may be surprised**. 네가 놀랄 수도 있어.
   * be surprised 놀라다

2 **The idea may be acceptable**.
   그 아이디어는 아마 받아들여질 수 있을 거야.
   * acceptable 받아들여질 수 있는

3 **I may need it**. 내가 그게 필요할 수도 있겠어.
   * need it 그것이 필요하다

4 **You may borrow my book after I finish it**.
   내가 그 책 다 읽은 후에 네가 빌려가도 돼.
   * borrow ~을 빌리다

5 **You may leave now**. 지금 가도 괜찮아.
   * leave 떠나다, 가다

가능성과 허락을 표현할 때 조동사 may를 쓸 수 있습니다. 사실은 이 모두에서 may와 can이 충돌하지요. can이 may보다 직설적입니다. may가 can보다 정중하지요. 가능성의 정도로 따지면 can을 쓸 때가 may를 쓸 때보다 어떤 일이 일어날 가능성이 높습니다. can은 개인의 능력과 주관적인 판단에 의해서 '허락'을 합니다. 하지만 may는 이미 정해져 있는 제도와 규칙 안에서 '허락'합니다. 이런 걸 일일이 다 알아야 되느냐…고 반문할 수 있습니다. 당연히 다 알아야 됩니다. 세세하게, 그리고 정확하게. 언어는 무조건 정확해야 합니다. 그래야 올바른 소통이 이루어집니다.

May I ~?

1 **May I ask who's calling?** 전화 거시는 분은 누구신지요?
   * may I ask 물어봐도 될까요?

2 **May I ask you to call him for me?** 내 대신 그에게 전화해달라고 부탁해도 될까?
   * call him for me 내 대신 그에게 전화하다

3 **May I have some more?** 조금 더 마셔도 [먹어도] 될까요?
   * have 먹다, 마시다

4 **May I ask you to turn down the volume?** 소리를 좀 낮춰 줄 수 있나요?
   * turn down the volume 소리를 낮추다

5 **May I ask why?** 이유를 물어봐도 될까요?
   * why 이유

허락과 부탁을 의미하는 조동사 may 패턴입니다. 이 부분에서도 can과 충돌합니다. 역시 May I ~? 가 Can I ~? 보다는 더 정중합니다. 그리고 상대를 편하게 해줍니다. 조동사 can을 사용하면 언제나 직설적인 느낌을 면할 수 없습니다. 그리고 매우 주관적인 느낌입니다. 하지만 may는 상대를 배려하는 느낌의 어휘입니다. 그래서 더 정중하다고 말합니다. 의문사 why의 품사는 부사입니다. 하지만 May I ask why? 에서는 why가 동사 ask의 목적어 역할을 해서 '이유'라는 명사의 의미를 갖게 됩니다. 지극히 예외적인 활용입니다.

127

4.조동사

우리말에 해당되는 영어 문장을 적어 보세요.

1. 너 그 사실을 인정해야 돼.   //

2. 그거 분명 감당하기 힘들 거야.   //

3. 손이 정말 많이 가는 일이었을 텐데.   //

4. 그 일은 내가 처리할 수 있어.   //

5. 도와줄까?   //

영어를 한글로 해석해 보세요.

1. Can you give us a minute?   //

2. He should know.   //

3. He should have kept walking.   //

4. That would be great.   //

5. Would you agree?   //

우리말에 맞게 영어 문장을 완성해 보세요.

1. 네가 놀랄 수도 있어.   You may be _____ .

2. 이유를 물어봐도 될까요?   May I ask _____ ?

3. 너 진짜 완전히 미쳤구나.   You _____ be pretty insane.

4. 내가 분명히 그거 집에 두고 왔을 거야.   I _____ have left it at home.

5. 너 지금 운전할 수 있는 상태가 아니야.   You _____ drive.

영어 문장에 맞는 한글 해석을 연결하세요.

1. Can I ask you something?   ○   ● a. 나 좀 쉬어야 돼.

2. Can you hold on just a second? ○   ● b. 내가 하면 몇 개월은 걸려.

3. I should rest now.   ○   ● c. 뭘 좀 질문해도 돼요?

4. You should have said no.   ○   ● d. 안된다고 말을 했어야지.

5. It would take me months.   ○   ● e. 잠깐만 기다려주시겠어요?

[부정사의 역할과 의미]

1
형태는 〈**to + 동사원형**〉입니다.

2
명사적 용법, 형용사적 용법, 부사적 용법 등을 갖습니다.

3
명사, 형용사, 부사 등의 **역할**을 한다는 것입니다.

4
부정사에는 '**미래**'와 '**조건**'의 **의미**가 **포함**되어 있습니다.

부정사의 형태

1 **I need something to do.** 나 할 일이 필요해.
* something to do 앞으로 할 일

2 **I forgot to lock the door.** 문 잠그는 걸 깜빡했어.
* to lock the door 앞으로 문을 잠그다

3 **Nice to meet you.** 만나서 반갑습니다.
* to meet you 당신을 만난 이유로

4 **You have to listen to me.** 너 앞으로 내 말 들어야 돼.
* to listen to me 앞으로 내 말을 듣다

5 **My dream is to be a teacher.** 제 꿈은 선생님이 되는 거에요.
* to be a teacher 앞으로 선생님이 될 것이다

부정사는 동사원형에 to를 붙여서 만듭니다. 동사는 부정사의 형태로 바뀌는 순간 더 이상 동사가 아닙니다. 동사를 제외한 명사, 형용사, 부사 등의 역할을 하게 됩니다. 또한 형태의 변화를 전혀 일으킬 수 없습니다. 어떤 상황에서도 to 부정사는 그 형태를 유지합니다. 그러면서 부정사는 '미래시제'를 담습니다. 명사, 형용사, 부사 등 어떤 역할을 하던지 그 안에는 미래의 의미가 포함되어 있다는 겁니다. 따라서 to 부정사가 포함된 문장은 '미래'를 염두에 두고 매우 정확하게 해석되어야 합니다.

동사의 목적어로서의 부정사 : I hope to ~

1 **I hope to see you again.** 다시 만나면 좋겠습니다.
  * to see you again 앞으로 다시 만나다

2 **I hope to work with you.** 같이 일할 수 있으면 좋겠어요.
  * to work with you 앞으로 당신과 같이 일하다

3 **I hope to speak good English.** 앞으로 정말
  영어 잘하고 싶어요.
  * to speak good English 앞으로 영어를 잘하다

4 **I hope to date her.** 그녀와 데이트하고 싶어요.
  * to date her 앞으로 그녀와 데이트하다

5 **I hope to see him in person.** 그를 직접 만나보고 싶어.
  * in person 직접

to 부정사는 동사의 목적어 역할을 합니다. 명사적 용법이지요. 목적어로 쓰일 수 있는 품사는 명사 뿐이기 때문입니다. 부정사를 목적어로 취하는 동사들이 있습니다. 그렇다고 그 동사들을 무조건 외우는 건 아주 좋지 않습니다. 부정사를 목적어로 취하는 동사들은 그 이유가 분명합니다. 동사의 의미가 미래에 일어날 일을 말하기 때문입니다. hope가 그들 중 하나입니다. 뭔가를 희망한다는 것은 미래에 일어날 일에 대한 희망입니다. 따라서 미래를 의미하는 to 부정사를 목적어로 받는 게 매우 자연스럽습니다. I hope to ~는 '나는 앞으로 ~하기를 희망한다'의 의미를 포함합니다.

동사의 목적어로서의 부정사: I decided to ~

1 **I decided to accept his offer.**
  * to accept 앞으로 ~을 받아들이다

  그의 제안을
  받아들이기로 했어.

2 **I decided to go on without him.**
  * to go on 앞으로 계속 진행하다

  걔 없이 계속 가기로
  결정했어.

3 **I decided to leave him.**
  * to leave him 앞으로 그를 떠날 것이다

  그를 떠나기로
  결정했어.

4 **I decided to wait until daybreak.**
  * to wait 앞으로 기다리다 daybreak 새벽

  새벽까지 기다려
  보기로 결정했어.

5 **I decided to become a lawyer.**
  * to become 앞으로 ~이 되다

  나는 변호사가
  되기로 결심했어.

동사 decide는 '뭔가를 결심하다'입니다. 그런데 그 결심은 앞으로 일어날 일에 대한 결심이지요. 목적어로 to 부정사가 올 수밖에 없습니다. 문법을 학습한다는 것은 단순한 이론 습득으로 완성되는 게 아닙니다. 문제를 푼다고 완성되지 않습니다. 이론에 해당되는 실용성 높은 문장들을 계속 접하면서 큰 소리로 읽고 또 읽어서 자연스럽게 기억되도록 해야 합니다. 문장들이 내 입에서 자연스럽게 나올 때까지 정확한 발음으로 읽어야 합니다. 그런 숙달이 되지 않으면 문법 오류가 없는 정확한 문장을 구사할 수가 없습니다. 말할 때나 글을 쓸 때나 말이지요. 큰 소리로, 정확한 발음으로 정말 많이 읽어야 합니다.

133

동사의 목적어로서의 부정사 : I promise to ~

1 **I promise to keep it quiet.** 비밀 지킬게. 약속해.
   * to keep it quiet 앞으로 비밀을 지키다

2 **I promise to visit him.** 그를 방문할게. 약속해.
   * to visit him 앞으로 그를 방문하다

3 **I promise to call back tomorrow.** 내가 내일 다시 전화할게.
   * to call back 앞으로 다시 전화하다

4 **I promise to never tell anyone.** 절대 누구에게도 말하지 않을게.
   * to tell anyone 앞으로 누군가에게 말하다

5 **I promise to buy you a drink.** 내가 꼭 술 한잔 살게.
   * to buy you a drink 앞으로 술 한잔 사다

동사 promise는 '약속하다', '~을 약속하다' 등의 의미입니다. 약속은 미래에 대한 약속이지요. 미래에 할 일에 대한 약속입니다. 그렇다면 to 부정사를 목적어로 받는 것이 당연합니다. 단어의 의미를 정확히 알고 문법의 활용을 정확히 알면 문장을 발음할 때 내가 읽어내려 가는 억양이 달라집니다. 억양과 강약만으로도 문장의 의미를 매우 정확하게 전달할 수 있게 됩니다. 문장을 구성하는 요소는 어휘와 문법입니다. 그 두 개의 요소를 제대로 통제하고 있지 못하면 문장의 발음이 보장되지 않습니다. 말에 설득력이 사라집니다.

동사의 목적어로서의 부정사: I expected to ~

1 I expected to meet you.
* to meet you 앞으로 당신을 만날 것이다

정말 만나 뵙고
싶었습니다.

2 I expected to have dinner with you.
* to have dinner 앞으로 저녁을 먹다

너와 같이 저녁 먹는 걸
얼마나 기대했는데.

3 I expected to travel alone.
* to travel alone 앞으로 혼자 여행하다

난 혼자 여행하는 걸
기대했어.

4 I expected to take pictures with you.
* to take pictures 앞으로 사진을 찍다

당신과 함께
사진 찍고 싶었어요.

5 I expected to have your autograph.
* to have one's autograph 앞으로 사인을 받다

당신 사인을 받고 싶었어요.
기대 많이 했어요.

동사 expect는 '~을 기대하다'입니다. 뭔가를 기대한다는 것은 미래에 일어날 일에 대한 기대입니다. 과거에 대한 기대일 수는 없는 거죠. 그래서 to 부정사가 목적어로 필요합니다. 절대적입니다. 그건 expect의 시제가 현재이든 과거이든 상관 없습니다. 현재 중심에서의 미래이고 과거 중심에서의 미래인 것입니다. to 부정사가 '미래'라는 사실에는 변화가 없습니다. 동사 have는 '~이 있다', '~을 가지고 있다' 등의 상태동사로서의 의미 이외에 '~을 먹다', '~을 마시다' 등의 동작동사로서의 의미 또한 중요하게 포함하고 있습니다. autograph는 '유명한 사람의 싸인'의 의미로 쓰이고 있습니다.

동사의 목적어로서의 부정사 : I have to ～

1 **I have to make some phone calls.**
   * to make phone calls 앞으로 전화를 걸다

   전화해야 할 곳들이 좀 있어.

2 **I have to be honest with you.**
   * to be honest with 앞으로 ～에게 솔직하다

   너한테 솔직하게 말할게.

3 **I have to go right now.**
   * to go 앞으로 가다 right now 지금 당장

   나 지금 당장 가야 돼.

4 **I have to go shopping.**
   * to go shopping 앞으로 쇼핑 가다

   나 쇼핑하러 가야 돼.

5 **I have to go get my car.**
   * to go get my car 앞으로 가서 내 차를 찾아오다

   가서 내 차 찾아와야 돼.

have to를 준조동사로 처리하는 경우도 있습니다. 하지만 냉정히 따지면 have to 는 〈have + to 부정사〉가 맞습니다. have는 원래 뜻 그대로 '～을 가지고 있다' 이며 to 부정사는 '미래에 일어날 일'을 말합니다. 그래서 I have to ～는 '나는 앞으로 ～할 일을 가지고 있다'가 직역이고 그렇기 때문에 '나는 앞으로 ～을 해야 한다'로 해석하게 되는 것입니다. to do list가 있습니다. '앞으로 할 일을 적어 놓은 리스트'입니다. '미래'맞죠? I have to study. I have to meet my friends. I have to go to see a movie. 이것들 모두 다 오늘 해야 할 일들입니다. 의무가 아니고 그저 오늘 할 일들입니다.

형용사로서의 부정사

1 **I have work to do.**   내가 할 일이 있어.
   * work to do 할 일

2 **I have nothing to do with it.**   나는 그 일과
   * have nothing to do with ~와 관계없다   아무 관계없어.

3 **Can I get you something**   마실 것 좀 줄까?
   to drink?
   * something to drink 마실 것

4 **I have something to tell you.**   너한테 할 말이 있어.
   * something to tell 할 말

5 **I have something**   너한테 보여줄 게 있어.
   to show you.
   * something to show 보여줄 것

형용사는 명사를 수식합니다. 단어 하나의 형용사라면 명사 앞에서 그 명사를 수식하지요. 하지만 두 개 이상의 단어, 즉 '구'의 형태를 갖춘 형용사라면 명사의 앞이 아닌 명사의 바로 뒤에 붙어서 그 명사를 수식하게 됩니다. '구'의 형태를 갖춘 형용사란 to 부정사를 말합니다. 태생이 원래 형용사인 어휘에는 시제가 포함되지 않습니다. 하지만 to 부정사가 형용사 역할을 할 때는 '미래'의 의미가 반드시 포함됩니다. 형용사임에도 말입니다.

부사로서의 부정사

1 **I'm happy to see you again**.
   * happy to see 만나서 매우 좋은 (원인)

   널 다시 만나니까
   정말 기분 좋아.

2 **He worked hard
   to get a promotion**.
   * work to ~을 위해서 일하다 (목적)

   그는 승진되기 위해서
   열심히 일했어.

3 **It turned out to be
   a failure**.
   * turn out to 결국 ~로 판명되다 (결과)

   그건 결국 실패작으로
   판명됐다.

4 **I'm glad to be back home**.
   * glad to be back 돌아와서 좋은 (원인)

   집에 돌아오니까
   정말 편하고 좋다.

5 **I feel good to be alone
   with you**.
   * good to be alone 혼자 있어서 좋은 (원인)

   우리 단 둘이 있으니
   참 기분 좋아.

부사는 형용사, 동사, 그리고 다른 부사를 수식합니다. to 부정사 역시 부사로서
활용되지요. to 부정사가 부사 역할을 할 때는 형용사나 동사의 의미에 대한 원인,
목적, 결과, 이유 등을 말하게 됩니다. 그 중에 원인과 목적에 가장 빈번하게 쓰입니다.
사실, 이게 원인이냐 목적이냐, 결과냐, 그리고 이유냐를 따지는 것은 아무런 의미
없습니다. 그런 걸 따지기 보다는 문장을 정확히 이해하고 구사할 수 있는 능력을
기르는 것이 우선입니다. 어차피 우리가 영어 문장을 만드는 게 아니라면 더더욱
그렇습니다.

연습문제

우리말에 해당되는 영어 문장을 적어 보세요.

1. 문 잠그는 걸 깜빡 했어.　　　　　//

2. 그녀와 데이트하고 싶어.　　　　　//

3. 그의 제안을 받아들이기로 했어.　　//

4. 비밀 지킬게. 약속해.　　　　　　//

5. 난 혼자 여행하는 걸 기대했어.　　//

영어를 한글로 해석해 보세요

1. I have to go shopping.　　　　//

2. I have work to do.　　　　　　//

3. I'm glad to be back home.　　//

4. You have to listen to me.　　//

5. I hope to see you again.　　//

5.부정사

우리말에 맞게 영어 문장을 완성해 보세요.

1. 그를 떠나기로 결정했어.

I _____ to leave him.

2. 내가 꼭 술 한잔 살게.

I _____ to buy you a drink.

3. 정말 만나 뵙고 싶었습니다.

I _____ to meet you.

4. 너한테 솔직하게 말할게.

I _____ to be honest with you.

5. 너한테 할 말이 있어.

I have something to _____ you.

영어 문장에 맞는 한글 해석을 연결하세요.

1. It turned out to be a failure.   ○   ● a. 그건 결국 실패작으로 판명됐어.

2. I need something to do.   ○   ● b. 같이 일할 수 있으면 좋겠어.

3. I hope to work with you.   ○   ● c. 그를 방문할게. 약속해.

4. I decided to become a lawyer.   ○   ● d. 나 할 일이 필요해.

5. I promise to visit him.   ○   ● e. 나는 변호사가 되기로 결심했어.

140

[동명사의 역할과 의미]

1
형태는 〈**동사원형 + ing**〉입니다.

2
명사와 똑같이 **명사의 모든 역할**을 합니다.

3
주어, 보어, 목적어 등으로 **쓰인다는 것**입니다.

4
동명사에는 '**진행**'과 '**과거**'**의 의미가 포함**되어 있습니다.

동명사의 형태

1 **Eating alone isn't good for health.**
  * eating alone 혼자 먹는 행위
  혼밥은 건강에 좋지 않아.

2 **My hobby is watching movies.**
  * watching movies 영화 보는 행위
  내 취미는 영화 보는 거야.

3 **Stop using bad words.**
  * using bad words 욕하는 행위
  욕하지 마.

4 **I'm looking forward to meeting you.**
  * look forward to ~을 고대하다
  만남이 정말 기대됩니다.

5 **Thank you for hearing me out.**
  * hearing me out 내 말을 끝까지 듣는 행위
  내 말을 끝까지 들어줘서 고마워.

명사는 정적(靜的)이지요. 움직이지 않습니다. 그래서 움직이는 명사를 만들고 싶었습니다. 그렇다면 원래 움직임이 없는 명사를 움직이게 만드는 게 아니라 원래 움직이는 동사를 명사로 만드는 게 수월했지요. 그래서 탄생한 게 동명사입니다. 말 그대로 명사는 명사인데 움직이는 명사라는 겁니다. 동사에 ~ing를 붙여서 동명사를 만듭니다. 그렇다면 당연히 동명사가 쓰인 문장을 이해할 때는 그 움직임이 느껴져야 합니다. 비록 한글 해석으로 그 움직임을 다 표현할 수 없다 해도 느낌으로는 충분히 움직임을 받아들이고 문장을 해석해야 되는 겁니다.

142

동사의 목적어로서의 동명사: enjoy ∼ing

1 **Who enjoys breaking the law?**
  * breaking the law 법을 어기는 행위

  법을 어기는 걸 즐기는 사람이 어디 있겠어?

2 **I enjoyed talking to her.**
  * talking to her 그녀와 대화하는 행위

  그녀와의 대화 즐거웠어.

3 **I enjoy living alone.**
  * living alone 혼자 사는 행위

  나는 혼자 사는 게 즐거워.

4 **She enjoys being photographed.**
  * being photographed 사진 찍히는 행위

  그녀는 사진 찍히는 거 좋아해.

5 **He enjoys writing.**
  * writing 글 쓰는 행위

  그는 글 쓰는 걸 좋아해.

동명사에는 '과거'와 '진행'의 의미가 포함되어 있습니다. 움직임이 포함되어 있다는 것은 '진행'을 의미하고 진행의 출발은 당연히 '과거'입니다. 따라서 동명사는 '과거'와 '진행' 시제를 담고 있습니다. '미래'를 담는 to 부정사와 함께 대단히 중요하게 다뤄져야 되는 문법 항목입니다. 동명사를 목적어로 받는 동사들이 있습니다. 그 중에 enjoy가 대표적입니다. '~을 즐기다'이지요. 즐긴다는 것은 '어떤 행위'를 즐기는 겁니다. 그리고 그 행위를 즐긴다는 것은 지금 갑자기 즐기거나 미래에 즐기는 게 아니라 과거부터 즐겨왔다는 것을 의미합니다. 따라서 동명사를 목적어로 받을 수밖에 없습니다.

동사의 목적어로서의 동명사 : finish ~ing

1 **Have you finished practicing?**
   * practicing 연습 행위

   연습 다 끝났어?

2 **I've finished exercising.**
   * exercising 운동하는 행위

   운동 끝났어.

3 **They finished fighting.**
   * fighting 싸우는 행위

   걔들 다 싸웠어.

4 **When can you finish eating?**
   * eating 먹는 행위

   언제 다 먹을래?

5 **He didn't finish lecturing me.**
   * lecturing me 내게 설교하는 행위

   잔소리가 끝나지를 않았어.

동명사를 목적어로 받는 동사로서 finish 또한 대표적입니다. '~을 끝내다'의 의미를 갖습니다. 뭔가를 끝낸다는 것은 과거부터 진행되어 오던 일을 끝낸다는 것입니다. 동명사를 목적어로 받는 것이 아주 이상적인 동사입니다. finish lecturing me는 '내게 설교하는 행위를 끝내다'의 의미입니다. 설교 행위는 전부터 지금까지 계속 해오고 있는 것이었지요. 따라서 동명사(lecturing)를 목적어로 쓰게 됩니다. 만약에 finish to lecture me라고 하면 '앞으로(to) 내게 설교하는 것을 끝내다'의 의미가 되어서 전혀 논리적이지 않습니다. 동명사를 목적어로 받을 때는 그럴 수밖에 없는 의미가 동사에 내포되어 있는 것입니다.

동사의 목적어로서의 동명사 : stop ~ing

1 **Stop talking nonsense.** 터무니없는 소리 좀 그만해.
   * talking nonsense 터무니 없는 소리 하는 행위

2 **You should stop drinking.** 너 술 끊어야 돼.
   * drinking 음주행위

3 **He stopped answering his phone.** 그는 전화를 더 이상 받지 않았다.
   * answering one's phone 전화를 받는 행위

4 **I couldn't stop thinking of you.** 당신 생각을 멈출 수가 없었소.
   * thinking of you 당신을 생각하는 행위

5 **Please stop crying.** 이제 그만 울어.
   * crying 우는 행위

동명사를 목적어로 받는 동사에서 stop은 빼놓을 수 없습니다. 가장 대중적인 어휘이지요. 지금까지 해오던 행위를 멈춘다는 것입니다. 동명사를 목적어로 받을 수밖에 없습니다. 그런데 stop 뒤에는 to 부정사가 올 수도 있습니다. 하지만 그럴 때는 to 부정사가 stop의 목적어가 아니라 stop을 수식하는 부사역할을 합니다. 멈추는 이유와 목적을 말하는 것이지요. stop crying은 '울음을 멈추다'이지만 stop to cry 는 '울기 위해서 멈추어 서다'의 의미입니다. 완전히 다른 의미이지요. 동명사와 부정사의 의미를 정확히 기억할 필요 있습니다.

145

동사의 목적어로서의 동명사: mind ~ing

1 **I don't mind eating alone.** 난 혼자 먹어도 괜찮아.
  * eating alone 혼자 먹는 행위

2 **Don't you mind
  my saying so?** 내가 그렇게 말해도
  괜찮겠어?
  * my saying so 내가 그렇게 말하는 행위

3 **Do you mind getting me
  a cup of coffee?** 커피 한 잔 부탁해도
  될까요?
  * getting me coffee 내게 커피를 가져다 주는 행위

4 **Nobody minds
  helping you.** 누구도 당신 돕는 걸
  불편해 하지 않아요.
  * helping you 당신을 돕는 행위

5 **I don't mind taking a walk.** 난 산책하는 거
  싫지 않은데 왜.
  * taking a walk 산책하는 행위

동사 mind는 '~을 불편해 하다', '~의 행위를 싫어하다', '~을 신경 쓰다' 등의
의미를 갖습니다. 어떤 동작이나 행위를 편히 받아들이지 못한다는 것입니다.
목적어로 동명사가 오지요, mind saying so는 '그렇게 말하는 행위를 꺼리다'입니다.
그런데 그렇게 말하는 게 누구인지를 명시해야 할 필요가 있다면 saying so의 주어를
정확히 말해야 합니다. 그 주어를 '의미상의 주어'라고 하지요. 문장 전체의 주어가
아니라 saying so의 부분적 의미를 주도하는 주어라는 뜻입니다. '의미상의 주어'로
는 인칭대명사의 소유격이 쓰입니다. 따라서 '내가 그렇게 말하는 것을 꺼리다'는
mind my saying so라고 표현합니다.

동사의 목적어로서의 동명사: avoid ~ing

1 **He avoided asking her.**
* asking her 그녀에게 묻는 행위

그는 그녀에게 질문하는 걸 회피했어.

2 **She avoided meeting me.**
* meeting me 나를 만나는 행위

그녀는 나를 만나는 걸 회피했다.

3 **What makes you avoid getting help from him?**
* getting help 도움을 받는 행위

왜 그에게서 도움을 받지 않으려는 거야?

4 **Why did you avoid looking at me?**
* looking at me 나를 보는 행위

왜 나를 안 보고 피했던 거야?

5 **Don't avoid meeting her eyes.**
* meeting one's eyes ~의 눈과 마주치는 행위

그녀의 눈과 마주치는 걸 피하지 마.

동사 avoid는 '~을 회피하다'의 의미입니다. 과거에서부터 이어져 오는 동작, 또는 어떤 행위 자체를 회피한다는 것입니다. 동명사가 목적어로 올 수밖에 없는 환경입니다. 이유 없이 존재하는 문법은 없습니다. 그 문법이 존재할 때는 반드시 그 존재의 이유가 있는 것입니다. 그렇다면 그 이유를 찾아내야지요. 무작정 암기하는 것은 영어실력 향상에 아무런 도움을 주지 못합니다. 시간낭비, 경제적인 낭비만 있을 뿐입니다. 이유를 정확히 이해하고 난 후에 암기해야 합니다. 그리고 그 암기는 소리 내어 문장을 읽는 충분한 시도를 통해서 이루어져야 합니다.

전치사의 목적어로서의 동명사
: Thank you for ~ing

1 **Thank you for giving me the opportunity**.
   * giving me ~ 내게 ~을 주는 행위

   저에게 기회를 주셔서
   감사합니다.

2 **Thank you for agreeing to do this**.
   * agreeing to do ~ ~을 하는 데 동의하는 행위

   이 일을 하도록
   동의해 주셔서 감사합니다.

3 **Thank you for helping me finish this**.
   * helping me ~ 내가 ~하는 것을 돕는 행위

   이 일 끝내는 걸
   도와줘서 고마워.

4 **Thank you for doing that for me**.
   * doing that 그것을 하는 행위

   내 대신 그 일을
   해줘서 고마워.

5 **Thank you for suggesting it**.
   * suggesting it 그런 제안을 하는 행위

   그런 제안을 해줘서 고마워.

전치사의 목적어로는 명사밖에 올 수 없습니다. 따라서 전치사 다음에 동작을 말하고 싶을 때는 동명사를 이용합니다. Thank you for~ 구문은 '당신에게 고마운 이유'를 말합니다. 말은 반사적인 응대의 연속입니다. 물론 정확한 답을 건네기 위해서 약간의 시간 지체는 있을 수 있지만 거의 모든 대화는 순간적이고 신속한 반응에 기초합니다. 이건 단순히 문장을 외우는 것만으로는 충분치 않은 환경입니다. 문장이 외워진 후에도 쉽없이 읽고 또 읽어서 문장들이 완전히 숙달된 이후에야 우리가 부담없이 나설 수 있는 환경이 됩니다. 그리고 발음의 정확성에 신경 써야 합니다.

전치사의 목적어로서의 동명사

: good at ～ing

1 **I'm good at keeping a secret**.
   * keeping a secret 비밀 유지의 행위

   내가 비밀 하나는 또 잘 지키잖아.

2 **He's good at making money**.
   * making money 돈 버는 행위

   걔 돈 버는 데는 선수야, 선수.

3 **She's good at teaching**.
   * teaching 가르치는 행위

   그녀는 가르치는 걸 잘해.

4 **I'm good at finding stuff**.
   * finding stuff 물건을 찾는 행위

   나는 물건 잘 찾아.

5 **You're good at buttering toast**.
   * buttering toast 토스트에 버터를 바르는 행위

   너는 어쩜 그렇게 토스트에 버터를 잘 바르니?

'뭔가를 아주 잘한다'는 의미의 표현입니다. 전치사 at 뒤에 동명사가 나오는 패턴이지요. '~의 부분에서', '~의 환경 속에서' 등의 의미를 전하는 전치사입니다. teach는 보통 타동사로 쓰여서 '~을 가르치다'의 의미를 전합니다. 하지만 본문에서처럼 자동사로 쓰여서 단순히 '가르치다'의 의미로 쓰이기도 합니다. "걔 가르치는 일 해."는 He teaches.라고 표현합니다. '물건을 찾다'는 find stuff입니다. 물건의 총칭이 stuff이지요. 대단히 일반적인 표현이므로 정확히 기억해서 활용할 수 있어야 합니다.

6.동명사

우리말에 해당되는 영어 문장을 적어 보세요.

1. 욕하지 마.

2. 나는 혼자 사는 게 즐거워.

3. 운동 끝났어.

4. 터무니없는 소리 좀 그만해.

5. 누구도 널 돕는 걸 불편해 하지 않아.

영어를 한글로 해석해 보세요.

1. He avoided meeting me.

2. Thank you for suggesting it.

3. I'm good at finding stuff.

4. Eating alone isn't good for health.

5. He enjoys writing.

150

우리말에 맞게 영어 문장을 완성해 보세요.

1. 언제 다 먹을래?　　　　　　　When can you finish _____ ?

2. 이제 그만 울어라.　　　　　　　Please stop _____ .

3. 내가 그렇게 말해도 괜찮겠어?　　Don't you mind my _____ so?

4. 그녀의 눈과 마주치는 걸 피하지 마.　Don't avoid _____ her eyes.

5. 이 일을 하도록 동의해 주셔서 감사합니다.　Thank you for _____ to do this.

영어 문장에 맞는 한글 해석을 연결하세요.

1. I'm good at keeping a secret.　　○　　● a. 난 산책하는 거 싫지 않아.

2. I'm looking forward to meeting you.　○　　● b. 걔들 다 싸웠어.

3. I enjoyed talking to her.　　　　○　　● c. 그녀와의 대화 즐거웠어.

4. They finished fighting.　　　　○　　● d. 만남이 정말 기대됩니다.

5. I don't mind taking a walk.　　　○　　● e. 내가 비밀 하나는 또 잘 지키잖아.

[부사의 역할과 의미]

1
부사는 형용사나 동사, 또는 부사의 의미를 강조합니다.

2
부사에는 발생 빈도, 시간, 정도, 강조 등 다양한 의미군들이 존재합니다.

3
부사는 문장 전체가 주는 감정과 느낌, 분위기 등을 결정합니다.

again

1 **He did it again.**
* do it again 다시 그 짓을 하다

걔가 또 그 짓을 했네, 또.

2 **Say it again.**
* say it 그 말을 하다

그 말 다시 한번 해봐.

3 **I called his cell again.**
* call one's cell 핸드폰으로 전화하다

나는 그의 휴대전화로
다시 전화했어.

4 **I will never do this again.**
* never do this 다시는 이 짓을 하지 않다

다시는 절대로 이런 짓
하지 않겠습니다.

5 **Let's not mention it again.**
* mention ~을 언급하다, ~을 말하다

다시는 그 얘기하지 말자,
우리.

어떤 동작이 발생하는 빈도를 말하는 대표적인 부사입니다. '다시', '또' 등의 의미
이죠. 상황에 따라서 짜증, 안타까움, 다짐, 간절함 등의 느낌을 전달합니다. called
his cell again에서 cell은 '휴대전화'이며 cellular phone을 줄인 것입니다. 그래서
call one's cell이라고 하면 '~의 휴대전화에 전화를 걸다'의 의미가 되며 여기에
부사 again이 추가되어 '그의 휴대전화에 다시 전화를 걸다'가 되지요. '짜증'이
나 '안타까움'의 느낌이 배어 있습니다. never do this again은 '다시는 이런 짓을
하지 않는다'의 의미이며 again을 통해 '다짐'을 말하고 있습니다.

almost

1 **It was almost impossible.**   거의 불가능한 일이었어.
   * impossible 불가능한

2 **We're almost there.**   거의 다 도착했어.
   * be there 거기에 도착하다

3 **I almost forgot.**   깜빡할 뻔했어.
   * forget 잊다, 잊어버리다

4 **I knew almost nothing about it.**   나는 그것에 대해서 거의 아무 것도 몰랐어.
   * know nothing about ~에 대해서 아무 것도 모르다

5 **It was almost 4:30.**   거의 4시 30분이 다 됐어.
   * it 시간을 지칭하는 비인칭 대명사

어떤 일이 진행되고 있는 정도, 또는 어떤 위치나 시간 상의 정도를 말하는 부사입니다. '거의'의 뜻을 갖고 있지요. 문장의 의미에 활력을 불어넣는 역할을 합니다. 딱 그렇다고는 볼 수 없지만 '거의 그렇다'는 느낌이라서 희망과 기대의 끈을 놓지 못하게 만드는 힘이 있습니다. 따라서 허투루 사용하면 상대방에게 실망은 물론 원망을 살 수도 있는 부사이기도 합니다. almost impossible은 '딱 불가능한 것은 아니지만 거의 불가능에 가깝다'는 의미입니다. almost there는 '거의 거기에'인데 '거의 다 왔다'는 느낌으로 사용하지요. almost forgot는 '거의 까먹었다'인데 이것을 '깜빡할 뻔했다'로 이해합니다.

already

1 **You've already said that.** 그 말은 이미 다 했잖아.
  * have said that 그 말을 했다

2 **They already knew this.** 그들은 이미 이 사실을
  * knew this 이것을 알고 있었다   알고 있었어.

3 **I already told her.** 이미 그녀에게 얘기 전했어.
  * told her 그녀에게 말했다

4 **I'm already late.** 나 이미 늦었어.
  * late 늦은 상태인

5 **I already quit my job.** 나 이미 직장 그만뒀어.
  * quit one's job 직장 그만두다

시간이나 정도를 강조하는 부사입니다. '이미'의 뜻이지요. 상황에 따라서 허탈감, 안도감, 또는 확신을 줄 수 있는 부사입니다. already said that는 '이미 그 말을 했다'가 직역이며 '그 말은 이미 전에 다 했다'로 이해합니다. 그러니 반복해서 말할 필요가 없다는 뜻이지요. 짜증, 허탈, 또는 책망의 느낌입니다. already knew this는 '이미 이 사실을 알고 있었다'입니다. 배신감이나 허탈감, 또는 안도감을 줄 수도 있습니다. already late는 '이미 늦은 상태'입니다. 자책, 포기, 허탈감 등을 나타내지요. 부사들이 사용되는 분위기 파악이 문장 이해에 대단한 도움이 됩니다.

always

1 **She's always busy.**
    * busy 바쁜

그녀는 늘 바빠.

2 **He always smiles.**
    * smile 미소를 짓다

그의 얼굴에서는
미소가 떠나지 않아.

3 **She always did this herself.**
    * herself 그녀가 직접

그녀는 항상 이 일을
자신이 직접 했어요.

4 **It almost always rained
on my birthday.**
    * rain on my birthday 내 생일에 비가 내리다

거의 항상 내 생일에
비가 왔어.

5 **She's always drinking
green tea.**
    * green tea 녹차

쟤는 항상 녹차를 마셔.

빈도수를 나타내는 강조 부사입니다. '항상', '늘' 등의 의미이지요. 어떤 일이 항상
일어난다는 뜻이므로 '안심', '짜증', '경외감', '걱정' 등의 다양한 느낌을 전합니다.
always busy는 '항상 바쁜 상태'입니다. 그래서 걱정되며, 때로는 부럽기도 하다는
느낌을 담고 있습니다. always smiles는 '항상 미소를 짓는다' 이므로 '의아함',
'경외감', '고마움' 등의 복합적 감정이 느껴지지요. always did this herself는
'항상 이 일을 직접 했다'가 되어 '경외감', '칭찬', '책임감', '성실함' 등이 느껴집니
다. 이처럼 부사는 문장에 다양한 느낌과 감정을 전하는 역할을 합니다. 그만큼
부사는 중요하게 다뤄져야 됩니다.

carefully

1 **Listen carefully.**
  * listen 귀기울여 듣다

주의해서 잘 들어봐.

2 **I carefully unfolded the map.**
  * unfold ~을 펼치다 map 지도

내가 조심스럽게 지도를 펼쳤어.

3 **Drive carefully.**
  * drive 운전하다

조심해서 운전 잘해라.

4 **Hang the dress carefully.**
  * hang ~을 걸다

옷을 조심스럽게 잘 걸어 놔.

5 **You should treat it carefully.**
  * treat ~을 다루다

그거 조심해서 다뤄.

감정의 정도를 나타내는 부사입니다. '주의 깊게'이지요. 충고와 권유의 느낌을 강하게 담는 부사입니다. listen carefully는 '주의 깊게 듣다'입니다. 동사 listen 자체에 '주의 깊음'이 포함되어 있지만 carefully를 함께 사용함으로써 그 주의 깊음을 더욱 깊게 만들고 있습니다. 상당한 정도의 강조 부사인 것입니다. carefully unfolded the map는 '주의를 기울여서 지도를 폈다'는 의미입니다. 주어가 1인칭 일 때는 '나 스스로에게 주는 권유'가 됩니다. 혼잣말로 '조심조심'을 외치면서 지도를 폈다는 느낌이 강하지요. 부사가 주는 감정, 이해해야 합니다.

fast

1 **Move fast.**
  * move 움직이다

  빨리 움직여.

2 **Things change fast.**
  * things 상황 change 변하다

  상황이 빨리 변한단 말이야.

3 **You're going too fast.**
  * go too fast 너무 빨리 가다

  너 지금 너무 빨리 가는 거야.

4 **You have to think fast.**
  * think fast 빨리 생각하다

  생각을 빨리빨리 해야 돼.

5 **I hope it works out fast.**
  * work out 해결되다

  그게 빨리 잘 해결되면 좋겠어.

속도를 나타내는 대표적인 강조 부사입니다. '빨리'의 뜻이지요. 조급함, 충고,
격려, 자극 등의 느낌을 담습니다. Move fast.는 명령입니다. 여유 있는 상황이
아니라는 것입니다. fast를 형용사의 의미로만 생각하면 안됩니다. 형용사라면
'빠른'의 뜻이지만 move를 수식하는 상태이기 때문에 형용사가 아닌 부사로 쓰인
것입니다. '빠르게'입니다. Things change fast.는 경고의 느낌이 강합니다. 당연히
부사 fast 때문에 생기는 느낌입니다. 세상이 이리도 빨리 변하고 상황이 시시각각
달라지고 있는데 이렇게 느리게 움직여서 되겠냐는 겁니다. 부사의 의미, 깊이
있게 이해해야 합니다.

often

1 **He's often anxious.**   그는 자주 불안해 해.
    * anxious 불안해하는, 염려하는

2 **I see her often.**   나 그녀 자주 만나.
    * see her 그녀를 만나다

3 **How often do you get a haircut?**   얼마나 자주 이발해?
    * get a haircut 머리를 자르다

4 **You cook often?**   요리 자주 해요?
    * cook 요리하다

5 **You come here often?**   여기 자주 와요?
    * come here 여기에 오다

활용도가 매우 높은 빈도 부사입니다. '자주'의 뜻이지요. 불안함, 반가움, 의아함 등의 느낌을 전합니다. often anxious는 '자주 불안한 상태'입니다. 걱정이 앞서는 느낌이지요. 적절한 진단이나 치료를 받으면 좋겠다는 충고의 느낌을 전하기도 합니다. see her often은 '그녀를 자주 만난다'는 뜻입니다. 안도감, 자랑 등의 느낌이 포함됩니다. 내가 그녀를 자주 만나고 있으니 전할 말 있으면 나한테 해… 정도의 느낌도 받을 수 있습니다. cook often은 '자주 요리하다'입니다. 상대에게 자주 요리하냐고 물을 때는 뜻밖이라는 느낌, 대단하다는 느낌, 또는 어이없다는 느낌까지도 전할 수 있습니다.

still

1 **He's still looking at you.** 저 사람 아직도 너 보고 있어.
* look at ~을 신경 써서 보다

2 **We're still in our thirties.** 우린 아직 30대야.
* in our thirties 30대인

3 **She was still unconscious.** 그녀는 여전히 의식 불명이었어.
* unconscious 의식을 잃은

4 **The door was still closed.** 그 문은 여전히 닫힌 상태였어.
* be closed 닫혀 있다

5 **I still can't believe him.** 난 아직도 그의 말을
* believe him 그의 말을 믿다 믿을 수 없어.

빈도 부사에 포함되는 부사입니다. '여전히'의 뜻입니다. 안정감, 안타까움, 지루함, 초조함 등의 느낌을 담고 있는 부사입니다. still looking at you는 '너를 아직도 보고 있다'는 뜻입니다. 불안함, 불쾌감, 초조함 등이 느껴지지요. 상황에 따라서는 부러움을 담을 수도 있습니다. still in our thirties는 '아직 30대'라는 뜻입니다. 안도감이죠. 하지만 조급함을 나타낼 수도 있습니다. 그런 감정의 변화는 문장이 쓰이는 상황에 좌우됩니다. still unconscious는 '아직도 여전히 무의식 상태'를 말합니다. 안타까움이지요. 물론 상대에 따라서는 '안도감'이 될 수도 있습니다. 감정은 상대적입니다.

together

1 **Can we walk together?**   같이 좀 걸을까?
   * walk together 함께 걷다

2 **We spent every minute together.**   우리는 매 순간을 함께 보냈어.
   * spend time together 시간을 함께 보내다

3 **I saw them together.**   난 그들이 함께 있는 걸 봤어.
   * see them together 그들이 함께 있는 걸 보다

4 **You can sit together.**   너희들은 같이 앉아.
   * sit together 함께 앉다

5 **They've been together forever.**   그들은 오랜 시간 함께 지냈어.
   * be together 함께 지내다 forever 오랫동안

공동, 공유의 의미를 전하는 부사입니다. '함께', '같이' 등의 의미이지요. walk together는 '같이 걷다'입니다. 친근함과 부담감이 동시에 느껴집니다. 상대에 따라서 느껴지는 감정이 다른 것이죠. spent every minute together에서 친근함과 부담감이 극대화 됩니다. 좋은 쪽이라면 매순간이 즐거웠을 테이고 나쁜 쪽이라면 대단한 고통으로 다가왔을 겁니다. 어느 쪽이든 관계 없이 사용할 수 표현이라는 겁니다. saw them together는 '그들이 함께 있는 것을 봤다'입니다. 함께 다정한 모습일 수도 있고 둘이 다투고 있는 모습일 수도 있습니다. 상황에 따라서 적절한 의역이 필요합니다.

very

1 **I like it very much.**   나 그거 매우 마음에 들어.
     * very much 매우

2 **He would be very angry.**   걔 무지하게 화날 거야.
     * very angry 매우 화난

3 **That's very clean water.**   그거 굉장히 깨끗한 물이야.
     * very clean 매우 깨끗한

4 **She's a very smart woman.**   그녀는 매우 똑똑한 여성이야.
     * very smart 매우 똑똑한

5 **She's been very successful.**   그녀는 대단히 성공했어.
     * very successful 대단히 성공한

가장 일반적이고 대표적인 강조 부사입니다. '매우'의 뜻이지요. 좋은 의미의 강조와 나쁜 의미의 강조 모두 포함합니다. like it very much는 '그것이 매우 만족스럽다' 입니다. like를 강조하는 것이므로 이때는 전혀 부정적인 요소가 없습니다. very angry는 '매우 화난 상태'입니다. 형용사 angry를 강조하고 있습니다. 당연히 부정적 의미의 강조입니다. very smart woman은 '매우 똑똑한 여성' 입니다. 그러니 조심하라는 뜻일 수 있고 그러니 잘 따르라는 뜻일 수도 있습니다. 상황에 따라서 경고의 의미가 될 수 있음을 기억합니다.

연습문제

우리말에 해당되는 영어 문장을 적어 보세요.

1. 걔가 또 그 짓을 했네.

2. 거의 다 도착했어.

3. 이미 그녀에게 얘기 전했어.

4. 그의 얼굴에서는 미소가 떠나질 않아.

5. 조심해서 운전해.

영어를 한글로 해석해 보세요.

1. You're going too fast.

2. You come here often?

3. The door was still closed.

4. You can sit together.

5. That's very clean water.

7.부사

연습문제

우리말에 맞게 영어 문장을 완성해 보세요.

1. 다시는 이런 짓 하지 않을게.　　　　　I will never do this I ＿＿＿＿ .

2. 깜빡할 뻔 했어.　　　　　　　　　　I ＿＿＿＿＿＿ forgot.

3. 나 이미 늦었어.　　　　　　　　　　I'm ＿＿＿＿＿ late.

4. 거의 항상 내 생일에 비가 왔어.　　　It almost ＿＿＿ rained on my birthday.

5. 내가 조심스럽게 지도를 펼쳤어.　　　I ＿＿＿＿ unfolded the map.

영어 문장에 맞는 한글 해석을 연결하세요.

1. Things change fast.　　　　　○　　● a. 얼마나 자주 이발해?

2. How often do you get a haircut? ○　● b. 난 아직도 그의 말을 믿을 수 없어.

3. I still can't believe him.　　○　● c. 그들은 오랜 시간 함께 지냈어.

4. They've been together forever.　○　● d. 그녀는 대단히 성공했어.

5. She's been very successful.　　○　● e. 상황이 빨리 변한단 말이야.

164

[전치사의 역할과 의미]

1
명사의 앞에 **위치**합니다.

2
명사의 방향과 위치, 상태를 **결정** 짓습니다.

3
동명사를 목적어로 받을 수 있습니다

about

1 **Don't worry about it.** 그런 건 걱정 마.
   * worry about ～에 관해서 걱정하다

2 **That is a story about safety.** 그건 안전에 관한 이야기야.
   * about safety 안전에 관한

3 **You're right about that.** 그건 네 말이 옳아.
   * about that 그 문제에 대해서

4 **I can't talk about it.** 그 얘기는 할 수 없어.
   * talk about ～에 관해서 얘기하다

5 **I'm sorry about this morning.** 오늘 아침에 있었던 일은 내가 정말 미안해.
   * about this morning 오늘 아침 일에 대해서

주제를 말할 때 사용하는 전치사입니다. '～에 관해서'의 뜻이지요. 무엇인가에 대해서 이야기를 하거나 토의의 주제, 또는 어떤 이야기의 주제에 대해서 말할 때 about를 사용합니다. worry about it는 '그것에 대해서 걱정하다'입니다. '걱정의 주제'를 about it라고 표현하고 있습니다. story about safety에서는 '이야기의 주제'를 about safety라고 하는 겁니다. right about that는 역시 '옳은 것의 주제와 내용'을 about that로 나타내고 있지요. talk about it에서는 '대화의 주제'를 about it라고 말합니다.

166

at

1 **Look at yourself**.
  * look at ~을 보다

네 꼴을 좀 봐.

2 **I didn't sleep at home last night**.
  * at home 집에서

난 어제 집에서 안 잤어.

3 **Stop yelling at me**.
  * yell at ~에게 소리지르다

나한테 소리 지르지 마.

4 **I met him at 5:00 yesterday**.
  * at 5:00 다섯 시에

난 그를 어제 다섯 시에 만났어.

5 **You didn't know that at the time**.
  * at the time 그 당시에

그 당시에는 너 그 사실을 몰랐잖아.

시간, 장소, 공격 목표 등을 말할 때 사용하는 전치사입니다. '~에서', '~에', '~로', '~을 향해서' 등의 의미를 갖습니다. look at yourself에서는 시선이 '너 자신에게 향하도록' 본다는 의미를 전합니다. sleep at home은 '집에서' 잔다는 뜻이지요. yell at me는 '나를 향해', 또는 '내게' 소리를 지른다는 겁니다. met him at 5:00는 그를 '다섯 시에' 만났다는 뜻이지요. at the time은 '그 당시에'로 이해합니다. 전체적으로 우리말 해석에서는 '~에', '~에게' 정도로 마무리되는 경향입니다.

by

1 **I need the book by Monday.**
  * by Monday 월요일까지

그 책 월요일까지 필요해.

2 **It's a poem by her.**
  * by her 그녀가 쓴

그건 그녀가 쓴 시야.

3 **I can tell by the way you're looking at me.**
  * by the way ~의 모습으로 tell 구분하다

네가 나를 바라보는 모습을 보면 알 수 있지.

4 **We'll be back by dinner.**
  * by dinner 저녁식사 시간까지

저녁때까지는 돌아올 거야.

5 **He was standing by the door.**
  * by the door 문 옆에

그는 문 옆에 서 있었어.

완료, 기준, 위치, 주관자 등의 의미를 전하는 전치사입니다. '~까지', '~을 기준으로 볼 때, '~에 의해서', '~옆에' 등의 의미를 전합니다. by Monday는 시간의 완료입니다. '월요일까지'이지요. poem by her는 '그녀가 쓴 시'입니다. by는 주관자의 의미를 갖습니다. tell by the way는 판단의 기준입니다. '그 방법에 의해서 구별하다'의 뜻이지요. back by dinner는 '저녁식사때까지 돌아오다'입니다. by는 역시 시간의 완료를 뜻합니다. standing by the door는 '문 옆에 서있다'는 뜻이므로 by는 위치의 의미입니다.

for

1 **I don't have time for this.** 나 이럴 시간 없어.
   * for this 이것을 위한

2 **Thank you for the offer.** 그 제안을 주셔서 감사합니다.
   * for the offer 그 제안에 대해서

3 **I was terrified for you.** 너 때문에 얼마나
   놀랬는지 몰라.
   * for you 너 때문에 terrified 겁이 난

4 **I lived in New York for so long.** 난 아주 오랫동안
   뉴욕에 살았어.
   * for so long 아주 오랫동안

5 **We paid a lot of money for it.** 우리는 그 대가로
   많은 돈을 지불했어.
   * for it 그것에 대한 대가로

목적, 이유, 원인, 대가, 기간 등의 의미를 갖는 전치사입니다. '~을 위해서', '~때문에', '~의 대가로', '~동안' 등의 뜻으로 해석합니다. time for this는 '이것을 위한 시간' 입니다. 시간의 목적을 for this로 표현하고 있습니다. for the offer는 '그 제안 때문에'의 뜻입니다. 원인을 말하지요. terrified for you 역시 원인 입니다. '너 때문에 놀란 상태' 이기 때문입니다. for so long은 '아주 오랫동안' 입니다. 전치사 for는 '기간' 을 말하고 있습니다. money for it는 '그것에 대한 대가로서의 돈' 을 뜻하지요. 대가를 의미하는 전치사 for입니다.

from

1 **I just got home from work.**
   * from work 직장에서, 직장으로부터

   회사 일 끝나고 집에
   방금 들어왔어.

2 **There was a call from John.**
   * from John 존에게서, 존으로부터

   존이 전화했었어.

3 **What do you want from me?**
   * from me 나로부터, 내게

   내게 원하는 게 뭐야?

4 **He died from cancer.**
   * from cancer 암으로, 암 때문에

   그는 암으로 죽었어.

5 **What keeps you from leaving?**
   * keep A from B A가 B하는 것을 막다

   너 왜 떠나지
   못하고 있는 거야?

출발지와 원인, 근원 등의 의미를 갖는 전치사입니다. '~로부터', '~에서 온', '~에서 생겨난' 등의 뜻으로 이해됩니다. got home from work는 '직장에서 집으로 돌아왔다'는 뜻입니다. 집으로 돌아오게 된 출발지점을 from work로 표현하고 있지요. call from John은 '존에게서 온 전화'입니다. 전화가 걸려온 근원지를 from John으로 말합니다. want from me는 '나에게서 뭔가를 원한다'는 겁니다. 상대가 원하는 것을 얻어낼 수 있는 근원지를 from me라고 설명합니다. died from cancer는 '암으로 죽었다'입니다. 죽음의 원인을 from cancer라고 표현합니다.

in

1 **We haven't talked in two weeks.**

   * in two weeks 2주 동안

   우린 2주 동안
   서로 얘기도 못했어.

2 **We had dinner in New York.**

   * in New York 뉴욕에서 have ~을 먹다

   우린 뉴욕에서 저녁 먹었어.

3 **I'm in charge.**

   * in charge 책임지고 있는

   제가 책임자입니다.

4 **I'm not interested in her.**

   * interested in ~에 관심 있는

   나는 그녀에게 관심 없어.

5 **See me in half an hour.**

   * in half an hour 30분 후에

   30분 후에 보자.

시간, 기간, 장소, 관심, 위치 등을 말할 때 사용하는 전치사입니다. '~안에', '~후에', '~에 연루된' 등의 의미를 갖습니다. haven't talked in two weeks는 '2주 동안 대화를 하지 못했다' 입니다. 부정문(not)에서 일정한 기간을 말할 때는 for를 쓰지 않고 in을 사용합니다. in New York는 '뉴욕에서' 입니다. 엄밀히는 '뉴욕 안에서' 이지요. 어느 장소의 '안'을 말할 때 in을 사용합니다. in charge는 '책임을 지고 있는'의 뜻입니다. 장소의 '안' 뿐 아니라 책임을 지는 권위의 '안'에 포함되어 있음을 말할 때도 in을 사용합니다. interested in her는 관심이 그녀 '안'에 있음을 뜻하고 in half an hour는 '지금부터 30분 후에'를 말합니다.

into

1 **Don't go into the room.**
    * go into ~에 걸어 들어가다

그 방에 들어가지 마.

2 **He's into music.**
    * into music 음악에 빠진 상태인

걔 요즘 음악에
완전히 빠졌어.

3 **She fell into sleep.**
    * fall into sleep 잠들다

걔 잠들었어.

4 **I ran into him yesterday.**
    * run into ~을 우연히 만나다

나 어제 걔 우연히 만났어.

5 **What are they looking into?**
    * look into ~을 조사하다

그들이 지금
조사하고 있는 게 뭐야?

장소, 조사, 충돌, 관심 등을 의미하는 전치사입니다. '~안으로'의 뜻입니다. 전치사 in은 '어느 장소의 안'이라는 정적인 의미를 전한다면 into는 '어느 장소의 안으로'라는 동적인 의미를 포함합니다. in과 방향성을 갖는 to가 합해진 어휘이기 때문에 그렇습니다. go into the room은 '그 방 안으로 들어가다'입니다. into music은 단순히 '음악 안으로'가 아니라 '음악에 완전히 빠져 들어간 상태'를 뜻합니다. fall into sleep은 '잠 안으로 푹 빠져들다', run into는 '~가 가는 길 안으로 달려 들어가다'가 되어 '~와 우연히 마주치다'가 됩니다. look into는 '~의 안으로 들어가서 들여다보다' 즉, '~을 조사하다'의 뜻으로 쓰이지요.

of

1 **Meet me in back of the building.**
* in back of ~의 뒤에서

그 건물 뒤에서 만나.

2 **Nobody knows the budget of the movie.**
* budget of the movie 그 영화의 예산

그 영화의 예산은 아무도 몰라.

3 **I want a cup of tea.**
* a cup of tea 티 한 잔

차 한 잔 마시고 싶어.

4 **What's the capital city of Spain?**
* capital city of Spain 스페인의 수도

스페인의 수도가 어디야?

5 **It's only a waste of time.**
* a waste of time 시간낭비

그건 시간낭비일 뿐이야.

소유의 의미를 갖는 전치사입니다. '~의'로 흔히 해석합니다. back of the building은 '그 건물의 뒤'입니다. back(뒤)가 속해 있는 장소가 the building 이라는 뜻이지요. 'back' that belongs to the building의 의미입니다. the budget of the movie는 '그 영화의 예산'입니다. the budget that belongs to the movie로 풀어 쓸 수 있지요. 어떤 경우라도 of가 사용될 때는 이 '소유'와 '속함'의 의미를 벗어나지 않습니다.

173

on

1 **Don't lie on the desk.**   책상 위에 눕지 마.
 * on the desk 책상 위에

2 **He got back on his feet.**   걔 건강 회복됐어.
 * get on one's feet 일어서다

3 **I patted him on the back.**   내가 칭찬해줬지.
 * pat on the back 등을 쓰다듬어[토닥거려] 주다

4 **It's on the second floor.**   그건 2층에 있어.
 * on the second floor 2층에

5 **I'll see you on Friday.**   금요일에 뵙겠습니다.
 * on Friday 금요일에

장소, 위치, 시간 등의 의미를 갖는 전치사입니다. '~위에', '~위를', '특정한 시간이나 요일에' 등의 뜻으로 이해합니다. lie on the desk는 대표적인 '장소'의 의미이지요. '책상 위에 눕다'입니다. get on one's feet를 직역하면 '자기 발 위에서다'입니다. '일어서다'의 뜻이지요. Get on your feet.라고 명령하면 "일어서."가됩니다. 그런데 get back on one's feet로 바뀌면 '다시 일어서다'가 되어 '건강이회복되다'의 의미를 갖게 됩니다. pat him on the back는 '등 위를 톡톡 치며쓰다듬다'입니다. 칭찬을 상징합니다. 전치사도 하나의 중요한 어휘입니다.그 근본 의미를 기억해야 올바로 소통할 수 있습니다.

to

1 **I walk to school.**
　* to school 학교까지

나 학교 걸어 다녀.

2 **I'm used to speaking in public.**
　* be used to ~에 익숙하다 in public 대중 앞에서

나는 대중 앞에서
연설하는 데 익숙해.

3 **This road leads to Mokdong.**
　* lead to ~에 이르다

이 길로 가면 목동이 나와.

4 **Don't show this letter to him.**
　* to him 그에게

이 편지는 그에게 보여주지 마.

5 **The light turned to red.**
　* to red 빨간색으로

불이 빨간색으로 바뀌었어.

방향성을 나타내는 전치사입니다. '최종 목적지'를 말할 때 흔히 사용되지요. '~로', '~을 향해서', '~에게', '~쪽으로' 등으로 흔히 해석합니다. walk to school은 '학교까지 걸어가다', '학교로 걸어가다' 등의 뜻입니다. 그래서 '학교에 걸어 다닌다'의 의미가 되지요. used to speaking은 '연설하는 행위에 이미 충분히 정신이 사용되었음'을 말합니다. 그래서 '연설에 익숙해진 상태'를 말하지요. turned to red는 '바뀌어서 결국 빨간색으로 갔다'입니다. '색이 빨간색으로 바뀌었다'로 해석하지요. 역시 to가 최종 목적지에 해당됩니다.

under

---

1 **He's under house arrest.**   그는 현재 가택연금 상태야.
* under arrest 체포 상태인

2 **I'm under high blood pressure.**   나 고혈압이야.
* under high blood pressure 고혈압 상태인

3 **Everything's under control.**   모든 건 다 준비된 상태야.
* under control 통제 상태인

4 **I feel under the weather.**   나 몸이 약간 안 좋아.
* under the weather 몸이 안 좋은 상태인

5 **He isn't wearing a jacket under his coat.**   그는 코트 안에 자켓을 입지 않았어.
* under his coat 그의 코트 안에

지배와 위치의 개념을 담는 전치사입니다. '~의 아래에', '~의 영향을 받고 있는', '~의 지배를 받는' 등의 의미로 해석합니다. under house arrest는 '가택연금 상태인'의 뜻입니다. '가택연금의 영향 하'에 있다는 겁니다. under high blood pressure도 마찬가지입니다. '고혈압 상태인'이지요. 고혈압의 지배를 받는 겁니다. under control은 '통제 하에 있는'이지요. 그래서 '준비가 철저하게 된 상태'를 말합니다. feel under the weather는 '몸이 날씨에 지배를 받는 상태로 느껴지다'가 되어 이유없이 몸이 안 좋은 상태를 말합니다. under his coat는 말 그대로 '코트 아래', '코트 안에' 등의 뜻입니다.

with

1 **I was in a car with her.**
   * with her 그녀와 함께 있는

   나 걔하고 차에 함께
   타고 있었어.

2 **I need someone with good ideas.**
   * with good ideas 좋은 아이디어를 갖고 있는

   난 지금 좋은 아이디어가
   있는 사람이 필요해.

3 **What are you going to do with that money?**
   * with that money 그 돈으로

   너 그 돈으로 뭐할 거야?

4 **I'm with you all the time.**
   * with you 너를 지지하는 all the time 항상

   나는 항상 네 편이야.

5 **I sleep with doors open.**
   * with doors open 문이 열린 상태에서

   나는 평소에 문을 다
   열어놓고 자.

소유, 동반, 상태 등을 의미하는 전치사입니다. '~와 함께, '~을 가지고 있는', '~의 상태로' 등으로 해석합니다. in a car with her는 '그녀와 함께 차 안에 있는 상태'를 말합니다. someone with good ideas는 '좋은 아이디어를 갖고 있는 사람'입니다. 전치사 with가 '소유'의 개념이지요. be with you에는 두 가지 의미가 있습니다. 물리적으로 '너와 함께 있다'는 의미와 추상적으로 '너를 지지한다'는 의미입니다. 함께 있다는 근본 의미에서 벗어나지 않으므로 '지지하다'까지 파생되는 것입니다. with doors open은 '문이 열린 상태로'의 뜻입니다. 형용사의 활용이 중요한 부분입니다.

연습문제

우리말에 해당되는 영어 문장을 적어 보세요.

1. 그건 네 말이 옳아.

2. 네 꼴을 좀 봐.

3. 저녁때까지는 돌아올 거야.

4. 나 이럴 시간 없어.

5. 너 왜 떠나지 못하고 있는 거야?

영어를 한글로 해석해 보세요.

1. I'm in charge.

2. He's into music.

3. It's only a waste of time.

4. He got back on his feet.

5. I walk to school.

우리말에 맞게 영어 문장을 완성해 보세요.

1. 모든 건 다 준비된 상태야. // Everything's _____ control.

2. 나는 평소에 문을 다 열어놓고 자. // I sleep _____ my doors open.

3. 그건 안전에 관한 이야기야. // That is a story _____ safety.

4. 나 어제 집에서 안 잤어. // I didn't sleep _____ home last nignt.

5. 네가 나를 바라보는 모습을 보면 // I can tell _____ the way you're
   알 수 있지. // looking at me.

영어 문장에 맞는 한글 해석을 연결하세요.

1. We paid a lot of money for it. ○   ● a. 그는 암으로 죽었어.

2. He died from cancer. ○   ● b. 우리는 그 대가로 많은 돈을 지불했어.

3. See me in half an hour. ○   ● c. 걔 잠들었어.

4. She fell into sleep. ○   ● d. 30분 후에 보자.

5. It's on the second floor. ○   ● e. 그건 2층에 있어.

모멘텀

Momentum

발 행 일   2019년 09월 08일 초판 1쇄

지 은 이   오석태
발 행 인   한용길
편 집 인   김호정

펴 낸 곳   CBS북스
주   소   서울시 양천구 목동서로 159-1

제   작   북킴스
주   소   서울시 양천구 목동동로 293 현대41타워 2211호

등   록   제2018-000053호
e-mail   42km@naver.com
전   화   070-7576-3310
팩   스   070-7543-3303

출판문의   김호정 010-8098-0000
북디자인   김동아 dear.dongah@gmail.com
서점유통   비전북 031-907-3927

저자 강연 및 단체구입 070-7576-3310

마 케 팅   정진현

I S B N   979-11-967406-1-0
C I P   2019032655

CBS북스는 CBS의 출판브랜드입니다.
북킴스는 김호정마케팅자문의 출판브랜드입니다.